www.tredition.de

AF198059

Barbara und Wilfried Wassermann

Einmal New York und (nicht wieder) zurück

www.tredition.de

© 2015 Barbara und Wilfried Wassermann

Verlag: tredition GmbH, Hamburg

ISBN
Paperback: 978-3-7323-4566-3
Hardcover: 978-3-7323-4567-0
e-Book: 978-3-7323-4568-7

Printed in Germany

Unseren Kindern
Jens, Lena, Hannah, Paul

In Memoriam
Unserer Schwiegertochter
Fabienne
(die New York so liebte)

Vorwort

Am Anfang war ein Satz. Einer jener Sätze, die man gedankenlos so dahinsagt: „Es wäre doch interessant, eine Zeitlang in New York zu wohnen!" Gesprochen hatte ihn meine Frau. Das war im Januar 2003. Wir saßen auf dem JFK-Flughafen in New York und warteten auf den Weiterflug nach Kansas City. Unsere Tochter war dort einige Monate bei einer Familie zu Gast. Wir wollten sie abholen und gemeinsam nach Deutschland zurückfliegen.

In den drei Tagen Zwischenstopp war es uns trotz eisiger Temperaturen gelungen, ein kleines Besichtigungsprogramm im Big Apple abzuspulen: Empire State Building, Circle Line, Central Park. Das reichte, um meiner besseren Hälfte diesen Satz zu entlocken. Meine Antwort auf den saloppen Satz war frei von irgendwelchen Hintergedanken: „Ja, so für ein Jahr mal hier zu leben wäre vielleicht was."

Zehn Monate später wohnten wir tatsächlich in New York! Dass sich der nicht wirklich ernst gemeinte Wunsch vom Januar noch im Dezember des gleichen Jahres erfüllen würde, hätten wir niemals zu träumen gewagt. Das Abenteuer New York nahm so rasant seinen Lauf, dass wir uns nicht dagegen wehren konnten. Als Pastor der deutschen St.-Pauls-Kirche in Manhattan wurde ich von der dortigen Gemeinde für zunächst sechs Jahre berufen. Es sollte zu einer Reise ohne Rückkehr werden.

Dieses Büchlein will den Leser auf unser US-Abenteuer mitnehmen. Dass der völlig überstürzte und teils chaotische Umzug in den Big Apple nur mit einer ordentlichen Prise Galgenhumor zu schaffen war, schlägt sich in manchen karikierenden Schilderungen über unser Auswandern, Einleben und Gewöhnen an den „American Way of Life" nieder.

Einige Schilderungen sind ernsterer Natur. Denn mit deutschen Augen betrachtet mutet manches in den USA zunächst fremd, wenn nicht sogar absurd an. Anderes wiederum ist faszinierend und bewundernswert. Beides soll in den folgenden Schilderungen seinen entsprechenden Raum finden.

Weil das Ganze letztendlich „im Auftrag des Herrn" geschah, wird das Buch auch von diesem Aspekt berichten. In den viel weniger festgefahrenen Strukturen des „Land of the Free" (Land der Freien) hat das Gottvertrauen mehr Raum zur Entfaltung. Und auch dies ist nicht frei von Humor.

Schmunzeln Sie also über alles Heitere und Lustige. Staunen Sie aber auch darüber, was passieren kann, wenn man in „God's own Country" (Gottes eigenes Land) zieht.

Daytona Beach, 8. Januar 2015

Was soll ich in New York?

(Wilfried Wassermann)

„Da bewirbst du dich hin!" Ziemlich hastig war meine liebe Frau in mein Arbeitszimmer gestürmt. Mit dem für sie typischen freudig-erwartungsvollen Blick in den blauen Augen hielt sie mir eine aufgeschlagene Zeitschrift unter die Nase. Ich musste meinen Kopf ein wenig zurücknehmen, um die Buchstaben überhaupt entziffern zu können. Auf die Schnelle konnte ich nur etwas von einer deutschen Gemeinde in New York entziffern, die einen Pfarrer sucht. „Was soll ich in New York?", erwiderte ich nur kurz, während ich meinen angefangenen Satz am Computer zu Ende schrieb.

Aber ich ahnte schon, was kommen würde: „Vor zwei Monaten haben wir beide doch auf dem JFK festgestellt, dass es interessant wäre, eine Zeitlang in New York zu wohnen!" „Ja, ja, aber das haben wir doch nur so gesagt und nicht wirklich ernst gemeint", erwiderte ich, immer noch auf meine Tastatur hämmernd. „Das wäre doch DIE Gelegenheit!" Ihre Worte untermauerte sie mit einem Augenspiel, dessen Bedeutung ich nur zu gut kenne. Ich tat deshalb, was ich in solchen Situationen gerne tue: das Thema auf später verschieben. Damit verbunden war meine Hoffnung, dass sie es vielleicht vergessen würde.

Natürlich vergaß sie es nicht, so etwas vergisst sie nie. Und wenn ich ehrlich bin, konnte auch ich es nicht vergessen. Zum einen, weil es nach zwölf Jahren Dienst auf der damaligen Pfarrstelle langsam Zeit für einen Wechsel war. Und zum anderen hatte ich mich schon auf etliche freie Pfarrstellen im In- und Ausland beworben, doch aus diesen Bewerbungen war nichts geworden. Sollte nun ausgerechnet New York unser Weg sein?

Wozu ich am wenigsten Lust hatte, war, noch einmal auf das Außenamt der EKD (Evangelische Kirche in Deutschland) in Hannover zu pilgern. Die Besetzung der Auslandsstellen ging aber nun mal über diese kirchliche „Behörde". Drei Mal war ich dort schon mit Bewerbungen auf Stellen im Nahen Osten gescheitert. Dabei hatten Vorgesetzte, Kollegen und Familie jedes Mal gemeint, ich sei prädestiniert dafür. Schließlich war ich im Nahen Osten aufgewachsen und sprach fließend Arabisch.

Mit keinem guten Gefühl im Bauch und mehr, um meiner Angetrauten nachzugeben, reichte ich schließlich am allerletzten Tag der Bewerbungsfrist meine Unterlagen ein. Still hegte ich die Hoffnung, dass es nicht klappen würde. Dafür würde die „Behörde" schon sorgen. Anders kannte ich es ja nicht.

Überlegen Sie es sich gut, ob Sie dahin wollen

Aber es kam, wie zu befürchten war: Wir wurden zu einem Gespräch in die „Behörde" nach Hannover eingeladen. Zu meinem Verdruss hatten wir es von über vierzig Bewerbern in die Runde der letzten zehn geschafft. Hoffnung keimte aber auf, als der gar nicht so behördliche Referent sagte: „Überlegen Sie es sich gut, ob Sie dahin wollen." Wenn der nur gewusst hätte, was ich mir überlegte! „Wir wissen nicht, ob St. Pauls noch mal Gemeinde wird", erklärte er dann weiter. Ein großer Streit hatte zur Spaltung und zum Austritt vieler Mitglieder geführt. Der frühere Stelleninhaber hatte kurz vor Weihnachten seinen Dienst plötzlich quittiert. Ein Interimspastor aus Deutschland war in die Bresche gesprungen und versah bis zur Wiederbesetzung notdürftig den Dienst.

Aber wer A sagt, muss bekanntlich auch B sagen. Schon allein wegen meiner lieben Frau Gemahlin. Aber kaum war B gesagt, folgte unmittelbar C: Wir gehörten zu den letzten vier Bewerbern! Ich kam mir langsam vor wie in einer TV-Sendung: Ich bin ein Pfarrer – holt mich hier raus! Aber dazu musste ich erst eine weitere Aufgabe im Bewerbungsdschungel lösen: eine Audio-Kassettenaufnahme von einer meiner Predigten an die Gemeinde in New York schicken. Drei Kandidaten würden dann nacheinander in die Gemeinde eingeladen werden, um sich jeweils im Gottesdienst vorzustellen.

Zum ersten Mal kam bei mir nun so etwas wie Wettkampfstimmung auf. Wie kann ich mich in New York gut verkaufen? Was kann ich in der Situation des Streits und der Spaltung in der Gemeinde Gutes sagen? Ich entschied mich für eine Predigt über 1. Korinther 12,12–21 mit klassischen drei Teilen: a. Wir sind viele – das ist unser Reichtum. b. Wir sind verschieden – das schmerzt uns. c. Wir sind der Leib Christi – das ist unsere Hoffnung.

Und schwupp waren wir bei D – eine Runde weiter. Wir wurden nach New York eingeladen. Darüber war ich natürlich nicht unglücklich. So ein kostenloses Wochenende in New York ist nicht schlecht – egal wie es ausgeht. Heimlich machte ich mir aber schon Gedanken, wie man eine ganze Gemeinde anspricht. Denn in New York wurde der Pfarrer nicht – wie in Deutschland üblich – vom Kirchengemeinderat, sondern von der ganzen Gemeinde gewählt. Das war eine weitere Herausforderung, die mich anspornte.

Als Erster der Bewerber/innen flog ich zusammen mit meiner reisefreudigen Frau, die allerdings ihr Ticket selber bezahlen musste, Anfang September 2003 nach New York. Wir wussten nicht, ob es gut oder schlecht für einen Erfolg war, als Erste anzutreten. Wir wussten ja noch nicht einmal, ob wir einen Erfolg wollten. Die große Lust oder gar Aufregung, die viele packt, wenn sie nach New York kommen, war bei mir immer noch nicht aufgekommen.

Dafür bei unseren vier Kindern. Uns war wichtig, dass sie diesen großen Schritt unterstützten. Sie waren bis dahin die Einzigen, die über unsere Pläne Bescheid wussten. Bei ihnen kam sofort die typische New-York-Begeisterung auf. Was uns ein bisschen Mut machte. Unser Jüngster war sogar direkt betroffen: Er ging noch in die 11. Klasse und würde mit umziehen.

Ich fürchte, die nehmen uns

Eine positive Überraschung war die Gastfamilie in New York, bei der wir für die Dauer des Besuchs untergebracht waren. Sie stammten auch aus dem „Ländle" und waren schon seit über 40 Jahren in New York. Der Ehemann hatte die klassische Karriere eines Einwanderers hinter sich: Auf dem Hintergrund seiner soliden deutschen Ausbildung als Feinmechaniker hatte er begonnen, Filmkameras zu reparieren. In der Filmstadt New York wurde daraus schnell ein florierender Film- und Videokameraverleih.

Sofort fühlten wir uns zu Hause. Die große und unbekannte Stadt New York hatte nun ein Gesicht bekommen. Und es war ein angenehmes, wohlvertrautes schwäbisches Gesicht. Ein Stück Heimat in der Fremde. Im Rückblick haben wir festgestellt, dass diese Begegnung ein Schlüsselerlebnis für unsere spätere Zusage auf die Stelle war.

Die schwäbische Zuverlässigkeit unserer Gastfamilie stand nämlich in großem Kontrast zum weiteren Geschehen: Am Samstagnachmittag war ein Treffen mit den 14 gewählten Kirchenräten der Gemeinde geplant. Außer unserem Gastgeber tauchten aber nur zwei von ihnen auf. Das war ein kleiner Schock. Da fliegt man extra aus Deutschland ein – und keinen der Verantwortlichen interessiert es? Unserem Gastgeber war es sichtlich peinlich, er entschuldigte sich mehrmals dafür. Wir versuchten, das Beste daraus zu machen, und hielten ein bisschen „Small Talk" zu fünft. Was sollten wir auch anderes tun? „Keep smiling!" (Einfach nur lächeln), das sollte sich im Laufe der Zeit als Allzweckwaffe in so mancher fragwürdigen oder schwierigen Situation entpuppen.

Der Vorstellungsgottesdienst mit der mir fremden gesungenen Liturgie verlief recht ordentlich. Nach dem Gottesdienst war Kaffeerunde, bei der wir uns als Ehepaar persönlich vorstellten. Fragen der Gemeindeglieder wurden beantwortet. Insgesamt fühlten wir uns recht wohl dabei. Vielleicht auch deshalb, weil es uns damals letztendlich egal war, wie das Ganze ausging. Später haben uns Gemeindeglieder mitgeteilt, dass wir locker und unverkrampft aufgetreten wären. Das hätte ihnen gefallen. So ist es wohl, wenn man eine Sache nicht mit aller Gewalt haben will. Gewinnen durch Loslassen.

Sonntagabends ging es dann zurück nach Deutschland. Ein Ehepaar, das in der Nähe zu JFK wohnte, nahm uns im Auto mit zum Flughafen. Beim Abschied sagte die Ehefrau in einem schönen badischen Akzent: „Herr Pastor, das wird für Sie schwierisch hier, sehr schwierisch." Wir wussten nicht, ob sie das als Ermutigung oder als Abschreckung meinte. Es stand auf jeden Fall gegen den allgemeinen Eindruck, den wir mitnahmen. Denn beim Warten auf unseren Abflug sagte ich schon fast prophetisch: „Sweetie, ich fürchte, die nehmen uns!" Seit nämlich eine Kassiererin beim Bezahlen in New York meine Frau „Swee-

tie" (Süße) genannt hatte, war das ihr neuer Kose-
name.

Das wusste ich schon

Zu Hause angekommen, blieb uns nichts anderes übrig als zu warten, und zwar drei Wochen lang. Am
vierten Sonntag im September fand die Wahl des
neuen Pastors bzw. der neuen Pastor in bei der Gemeindeversammlung in New York statt. Der ganze
Sonntag verging mit Spannung, wir hörten nichts.
War das nun ein gutes oder ein schlechtes Zeichen?
Die Erlösung kam erst am Montag, als um acht Uhr
früh das Telefon klingelte. Der Referent in Hannover
informierte mich darüber, dass wir von der Gemeinde gleich im ersten Wahlgang mit der erforderlichen Zweidrittelmehrheit gewählt worden waren.
Während des Gesprächs konnte ich lediglich mit er-
hobenem Daumen das Ergebnis signalisieren. Ein
breites Lächeln ging über die Gesichter der Anwesenden. Jetzt war es tatsächlich passiert! Wir gehen nach
New York! Oh nein! Doch! Jetzt erst recht!

Wir bekamen eine Frist von 48 Stunden, in der wir
die endgültige Zusage noch einmal überdenken
konnten. Aber jetzt war uns klar, dass wir durch

diese „schwierische" Tür gehen würden. Wir konnten ja nicht guten Gewissens Gott laufend um Rat und Hilfe bitten und dann dankend ablehnen, wenn er so klar antwortete. Für uns war es eine eindeutige Berufung und ein nicht gerade kleiner Glaubensschritt. Es erforderte meinen ganzen Mut und noch mehr Gottvertrauen, zu akzeptieren: „New York it is" (Ab nach New York)!

Keine Chance hatten wir allerdings gegen die Geschwindigkeit unserer vernetzten Welt. Noch am Abend informierte ich per E-Mail die Verantwortlichen in der damaligen Gemeinde in Deutschland. Ich wollte vermeiden, dass sie es vorher von anderen erfuhren. Man weiß ja heutzutage nie. Zwei Gemeindeglieder antworteten auf die Nachricht lapidar mit: „Das wusste ich schon!" Sie hatten Verwandte in New York, die noch am Sonntagabend den Wahlausgang nach Deutschland gemeldet hatten. Die Welt ist doch ein Dorf!

Wann wollen Sie das Visum?

Nun begann eine Zeit, die uns teilweise an den Rand unserer irdischen Kräfte brachte. Ein Riesenkatalog mit Aufgaben, Fragen, Besorgungen, Abmeldungen, Umzügen und Entsorgungen galt es abzuarbeiten.

Ein Sechspersonenhaushalt musste aufgelöst, eine Tochter in eine anzumietende Wohnung umgezogen werden und Tausende weiterer kleiner oder großer Entscheidungen getroffen werden. Von der Wahl bis zur Ausreise standen uns ungefähr zwei Monate zur Verfügung.

Als allerallererster Schritt galt es aber, das Visum für die Einreise in die USA zu beantragen. Vorher sollten wir bitte nichts unternehmen, hatte uns die „Behörde" gewarnt. Nach den Terroranschlägen vom 11. September 2001 war die Vergabe von Visa sehr langwierig geworden. Also beantragten wir online erst einmal einen Termin auf dem Konsulat in Frankfurt. Der Frühestmögliche war jedoch der 17. Oktober. Das bedeutete: zwei Wochen verlorene Zeit.

Nach diesen zwei verlorenen Wochen fuhren wir schlussendlich Richtung Frankfurt. Unterwegs rechneten wir aus, ob eine Ausreise vor Weihnachten überhaupt noch zustande kommen würde. Die „Behörde" hatte diesen Termin vorgegeben, weil der Interimspastor noch vor den Feiertagen nach Deutschland zurückkehrte. Was aber, wenn wir das Visum erst in zwei oder gar drei Wochen bekommen würden? Dann hätten wir schon Anfang November. Wie sollten wir in dieser Zeit einen Umzug meistern?

In Frankfurt erklommen wir die „Festung" des US-Konsulats. Die ganze Straße war mit Stacheldraht abgesperrt. 9/11 war noch ganz frisch. Vor dem Wärterhäuschen stand eine lange Schlange. Hinter Panzerglas wurde unser Termin kritisch überprüft. Erst dann wurde uns Einlass gewährt. Drinnen dann die Sicherheitskontrolle wie auf einem Flughafen: Metalldetektor, Durchleuchtung und Abtasten. Das alles sollte schon bald lästige Routine werden!

In einer großen Halle saßen wir mit 50 weiteren Personen und warteten voller Nervosität. Nach ungefähr zwei Stunden waren wir dran. Eine Dame, ebenfalls hinter Panzerglas, begrüßte uns freundlich. Sie sprach sogar Deutsch! Das hat uns positiv überrascht, sind doch Amerikaner nicht gerade bekannt dafür, fremde Sprachen zu beherrschen. Sie ging unsere persönlichen Unterlagen und die der Kirche durch und nickte dabei laufend. Das machte uns Mut. Es schien ja alles in Ordnung, oder? Dann kam die Frage, auf die ich gewartet habe: „Was machten Sie im Libanon?" Ich erklärte, dass meine Eltern in den 1950er-Jahren als Missionare dorthin gezogen waren. Wieder ein freundliches Nicken, bin ich doch nicht auf der Terrorliste?

Nach einer halben Stunde ungefähr fragte sie dann: „Wann wollen Sie das Visum?" Überrascht von der Frage wussten wir zunächst nicht, wie antworten.

Dann stammelte ich unsicher: „Ja, wenn möglich, heute noch?" „Heute Mittag ist leider geschlossen", antwortete sie. Na klar, was denn sonst? Innerlich ging wieder der Rechner an: noch mehr Zeit verloren! Eine weitere Reise nach Frankfurt. Und zu Hause wartete ein unübersehbarer Berg an Aufgaben. Aber: „Keep smiling!"

„Ich kann aber Folgendes machen", sagte die nette Frau hinter dem Panzerglas weiter: „Ich hinterlege die Reisepässe mit den eingetragenen Visa im Wärterhäuschen, wo Sie sie heute Nachmittag abholen können!" Das war die Rettung! Die USA hatten Verständnis für uns! Wir verbrachten den Mittag in Frankfurt mit Sightseeing. Kurz vor 16 Uhr, der Schließzeit des Wärterhäuschens, gingen wir wieder in Richtung Konsulatsfestung. Kein Mensch war zu sehen und alles war verbarrikadiert! Hatten wir uns vertan? Wir wollten uns schon abwenden, als die Panzertür vom Hauptgebäude plötzlich aufging und jemand rief: „Wollen Sie Ihre Reispässe abholen?" Wir bestätigten und durften freudig die Dokumente in Empfang nehmen. Juhu! Jetzt hatten wir immerhin noch sechs volle Wochen bis zur Ausreise.

Wer macht denn Druck hier?

Doch halt. Wir hatten die Rechnung ohne die „Behörde" gemacht. Denn diese lud nun zu einer ganzen Woche Ausreisevorbereitungskurs nach Berlin ein. Angesichts des Zeitplans überlegten wir ernsthaft, die Teilnahme abzusagen, wollten aber nicht von Vornherein als Verweigerer abgestempelt werden. Denn das war ohnehin das Image der New Yorker Gemeinde, das uns die „Behörde" laufend vor Augen hielt. „Die halten sich an keine Abmachung, haben immer Sonderwünsche und denken, sie seien etwas Besonderes." Also schluckten wir die bittere Pille und fuhren nach Berlin, mit der stillen Hoffnung, etwas früher wieder abreisen zu können. Denn jeder Tag zählte.

In Berlin versammelten sich ausreisende Pfarrer nach Bangkok, Brasilien, Namibia und unsereiner. Die einen berichteten von ihrem sechswöchigen Sprachkurs in England, den die EKD ihnen bezahlt hatte, die anderen von Erkundungsreisen zu ihrer neuen Stelle. Wie bitte? Wir konnten lediglich berichten, dass New York noch keine Unterkunft für uns hat, weil es bis zu diesem Zeitpunkt weder ein Pfarrhaus noch eine Mietwohnung gab. Daraufhin nannten uns die anderen Ausreisenden liebevoll ironisch „die Obdachlosen".

Als Vorbereitung für die Ausreise hatte die „Behörde" Musizieren, Meditieren, Informieren und Austauschen auf dem Programm. Nach dem zweiten Tag hatten wir nur noch wenig Lust dazu, weil wir in Gedanken laufend beim Riesenberg Aufgaben zu Hause waren. Also baten wir um frühzeitige Abreise. Wir hatten ja immerhin guten Willen gezeigt und waren gekommen. Aber unser Anliegen löste eine riesengroße allgemeine Verunsicherung der ganzen „Behörde" aus. Und plötzlich standen wir den gleichen vorwurfsvollen Blicken gegenüber, die wir schon bei der Beschreibung der Gemeinde von New York erlebt hatten. Höhepunkt dieses Gesprächs war der Kommentar eines „Behörden"-Leiters: „Wer macht denn Druck hier?" Ja, wer wohl? Aber wir verstanden: Jetzt waren wir New Yorker! Und um die New Yorker zu schützen, blieben wir den Rest der Woche und haben weiter musiziert, meditiert, uns informiert und ausgetauscht.

Chef! Kommen Sie mal!

Der nächste von Tausend zu erledigenden Schritten war, ein internationales Umzugsunternehmen zu finden. Über Gemeindeglieder in den USA bekamen wir Tipps dazu. Von drei Firmen, die Angebote abgaben, nahmen wir die einzige, die uns zusicherte, den Container noch vor Weihnachten nach New York zu transportieren. Und so rückten am 24. November fünf Männer an, um alle unsere Habseligkeiten zu verpacken.

Was folgte, war eine Woche mit einem Geräusch, auf das ich ab dem zweiten Tag allergisch reagierte: RRRRRRRiiiiiiiiiiiiiiitttttttttttttssssssssscccchh-Klack. Das Abrollen der Klebestreifen und anschließende Abschneiden höre ich heute noch. Alle paar Minuten hieß es auch: „Chef! Kommen Sie mal!" Dann musste neu entschieden werden, was mitgeht, was da bleibt oder vielleicht doch entsorgt wird. Man muss erst umziehen, um zu erkennen, wie viel Überflüssiges man besitzt.

Nach einer halben Ewigkeit war schließlich alles verpackt. Längst hatten wir die Übersicht verloren, ob alles dabei war, was mit sollte. Es war letztendlich auch egal. Hauptsache, das ewige RRRRRRRiiiiiiiiiiiiiiitttttttttttttssssssssscccchh-Klack hatte endlich ein Ende. Am 28. November wurde der 40-Fuß-Container dann verladen. Ich hätte nie gedacht, dass alles rein passt. Sage und schreibe 239 Riesenpakete waren es geworden. Und es blieb sogar noch Platz für die Hollywoodschaukel.

Völlig erledigt und gleichzeitig erleichtert, schrieb ich in einem Rundbrief an die Verwandten und

Freunde:

Was es heißt, aus dem Eigenen herausgerissen zu werden, erleben wir zurzeit auf ganz neue Weise: Wir sitzen seit Freitag, 28. November ohne Möbel, Betten, Geschirr und Besteck in unserem Pfarrhaus. Eine Woche lang war ein Packtrupp in unserem Haus, der alles, was mit umgezogen werden musste, zweifach oder sogar dreifach verpackt hat, damit es den rauen Transport in die USA überstehen würde. Es waren vielleicht die anstrengendsten Tage unseres Lebens, denn wir mussten Tausende Entscheidungen treffen, was nun mit soll, was mit unserer Tochter in ihre neue Wohnung umzieht oder nach Stuttgart zu den Schwiegereltern geht. Trotzdem sind immer noch viele Sachen im Haus, die jetzt auf den Sperrmüll kommen oder von irgendjemandem gebraucht werden können.

Dass wir jetzt trotzdem nicht verhungern, liegt an den vielen lieben Gemeindegliedern, die uns in der Zeit bis zum Abflug abwechselnd zum Mittag- und Abendessen eingeladen haben. Wir dürfen in diesen Abschiedstagen alles noch einmal intensiv erleben, was die zwölf Jahre hier ausgemacht haben: Viel Liebe, Dankbarkeit und Gemeinschaft, aber auch starke Ablehnung, Abneigung und richtigen (unerklärlichen) Hass. Merkwürdige Dinge haben sich in den letzten Nächten um das Pfarrhaus herum ereignet: Uns wurde Asche vor die Haustür gestreut, das Auto derartig verkratzt, dass es vor dem Verkauf noch zweimal zum Lackieren gebracht werden musste. Da wir

weitere Anschläge fürchteten, haben wir es der Polizei ge-
meldet. Wer immer es war: Der Herr segne ihn/sie!

Aller Anfang ist schwer

(Barbara Wassermann)

64 kg Fluggepäck

Morgens sehr früh um fünf Uhr standen wir am 8. Dezember 2003 auf – das letzte Mal im schönen Pfarrhaus. Um sieben Uhr kamen unsere Kinder und unser Schwiegersohn, um uns zum Flughafen zu bringen. Gute Freunde sind auch so früh aufgestanden, um uns am Pfarrhaus noch zu verabschieden und nachzuwinken.

Am Flughafen erwartete uns eine neue Überraschung: Eine Freundin war extra gekommen, um Tschüss zu sagen. Sie brachte sogar noch leckere Schokolade mit. Die Schokolade wurde noch wichtig, aber dazu später mehr.

Der Flug ging von Stuttgart über Paris nach New York. Am Schalter das böse Erwachen: Im Internet hatte ich vorher recherchiert, dass man zwei Mal 32 kg Gepäck mitnehmen darf – ja, das waren noch Zeiten! Die Betonung liegt auf ZWEI Mal. In meinem Eifer hatte ich das Überlesen und nur auf 64 kg Gepäck umgerechnet und so hatte jeder von uns drei Gepäckstücke, jeweils zwei Koffer und eine Reisetasche. Also war umpacken angesagt. Die Reisetaschen mussten zum Handgepäck umfunktioniert werden. Wie ich das hasste, am Schalter vor allen Leuten die Wäsche auszubreiten. Schließlich war die Dame am Check-in zufrieden und wir erhielten unsere Bordkarten.

Dadurch waren wir schon so genervt, dass der Abschied von Kindern und Schwiegersohn ohne großes Drama verlief. In der Wartehalle dann ein Anruf auf dem Handy: Ein Freund aus Studientagen und seine Frau waren ebenfalls zum Flughafen gekommen. Sie hatten wegen Staus Verspätung und kamen erst zum Flughafen, als wir bereits durch die Sicherheitskontrolle waren. Also schnell wieder raus, kurzes Abschiednehmen, erneuter Security-Check, und dann endlich saßen wir im Flieger.

Gegen 18 Uhr Ortszeit landeten wir auf JFK. Da zwei Tage zuvor ein Schneesturm durch New York gefegt war, lag noch jede Menge Schnee auf den Straßen und es war bitterkalt.

Im Puppenhaus

Natürlich waren wir riesig gespannt auf das Haus, das die Gemeinde kurz vor unserer Ausreise angemietet hatte. Klar war, dass es nicht in Manhattan sein würde, da dort die Mieten unbezahlbar waren. Und weil unser Sohn in die Deutsche Schule sollte, die sich in White Plains befand, mietete die Kirche im Nachbarort Rye ein Objekt für 2800 Dollar im Monat. Müde und abgekämpft kamen wir dort an. Das knapp 16 000 Einwohner zählende Städtchen liegt direkt an der Küste, hat einen schönen Strand, nette Einkaufsstraßen und etliche Traumhäuser. Das Durchschnittseinkommen lag bei 360 000 Dollar im Jahr, das mit unserer Ankunft natürlich kräftig gesenkt wurde.

Unser „Mover" (Umzugsmitarbeiter) hatte uns im Vorfeld immer wieder von den tollen Häusern in Amerika vorgeschwärmt und schließlich kennt man sie ja aus den Filmen: tolle Küche, offener Kamin usw. Dann das böse Erwachen: Das Haus entpuppte sich als Doppelhaushälfte an einer sehr befahrenen Straße, mit winzigen Zimmern, verteilt über drei Stockwerke. Zunächst war uns das jedoch egal, todmüde fielen wir in unserem Puppenhaus, wie wir es gleich nannten, auf unsere Luftmatratzen. Bis zur Ankunft unserer Möbel drei Wochen später nächtigten wir auf diesen schaukelnden Schlafstätten.

Als wir am nächsten Morgen die Koffer auspackten, auch das Handgepäck, kamen, oh Wunder, diverse Nagelscheren, Taschenmesser und Nagelfeilen hervor. Beim Umpacken vor dem Schalter hatte ich nicht mehr an diese Teile gedacht. Zweimal ging alles durch die Sicherheitskontrolle und zweimal wurde nichts entdeckt. Soviel zur Sicherheit am Flughafen.

Keine Sozialversicherungsnummer

Die nächsten Tage waren geprägt von Versuchen, ein Konto zu eröffnen, ein Auto zu leasen, einen Telefon- und Internetanschluss zu bekommen, einen amerikanischen Mobilfunkvertrag zu kaufen und, und, und.

Aber: „not possible without Social Security Number" (keine Chance ohne Sozialversicherungsnummer, SSN). Ohne diese bist du für die Bürokratie in den USA nicht existent, da läuft gar nichts. Also gingen wir aufs Sozialversicherungsamt, warteten, saßen zwei Stunden, um schließlich erklärt zu bekommen, dass es mindestens zehn Tage dauern würde, bis wir diese so wichtige Nummer erhalten würden. „Keep smiling!"

„Keep smiling" hieß es auch bei der Kontoeröffnung. Auch da: keine Sozialversicherungsnummer – kein Konto! Schließlich half ein Schreiben der Kirche. Aber das Ganze zog sich über vier Stunden hin. Immer wieder musste die Sachbearbeiterin bei ihrer Vorgesetzten nachfragen, weil sie nicht weiterwusste.

Inzwischen hatte sich auch bei Junior wegen des „schwierischen" Starts viel Frust angestaut. Original-Ton: „Jetzt reicht Amerika, komm, wir fliegen wieder nach Hause." Innerlich dachte ich ja das Gleiche, aber äußerlich versuchte ich Optimismus auszustrahlen. „Keep smiling!"

Ein Auto hatten wir immer noch nicht. Ich weiß nicht mehr, bei wie vielen verschiedenen Händlern wir waren. Schließlich meinte mein „husband" (Ehemann) entnervt: „Ich will doch nicht Amerika kaufen, sondern schlicht und einfach ein Auto leasen." Wenn uns in dieser Zeit unsere schwäbischen Gastgeber nicht ein Auto zur Verfügung gestellt hätten, wäre unser Sohn z. B. nicht zur Schule gekommen. Von unserem Wohnort aus fuhren nämlich keine Schulbusse nach White Plains zur Deutschen Schule. Und wie sollten wir ohne Auto einkaufen?

Zwei oder drei Tage nach unserer Ankunft klingelte es. Vor der Haustür stand eine junge Frau: „Hi, I am

Wendy, your neighbor, I will say hello and bring you this cake. Welcome to America. If you need any help, just ask" (Hallo, ich bin Ihre Nachbarin Wendy. Ich wollte Sie begrüßen und diesen Kuchen vorbeibringen. Willkommen in den USA. Falls Sie Hilfe brauchen, fragen Sie mich einfach). Eine positive Überraschung! Mal sehen, was der Tag sonst noch bringen würde. Auf jeden Fall keine Spur vom Container, keine Social Security Number in der Post und der längst versprochene Internetanschluss ließ sich auch nicht blicken.

Schließlich klingelte es am Abend erneut: Hurra, der Internetanschluss kam doch noch und am nächsten Tag war tatsächlich die verflixte Social Security Number da: „America, here we come." (Amerika, wir kommen!)

Das größte Weihnachtsgeschenk unseres Lebens

Inzwischen war der 22. Dezember gekommen, der Container war immer noch nicht zu sehen. Er war zwar im Hafen – aber weil wegen Terrorgefahr wieder einmal Alarmstufe Orange herrschte, durfte nichts den Hafen verlassen.

Dabei wollte am 26. Dezember unsere Tochter mit drei Freunden zu Besuch kommen, woher also die Betten nehmen? Dazu ständig die Anrufe – ja, oh Wunder, der Telefonanschluss war inzwischen auch installiert –, wann denn der Gottesdienst an Heiligabend wäre.

Dafür war noch kein Auto in Sicht, was geht eigentlich in diesem Land? So langsam glaubte ich auch an die Theorie, dass die Amerikaner gar nicht wirklich auf dem Mond waren, das konnte gar nicht sein, so wie hier alles funktionierte bzw. nicht funktionierte. Ich hätte nie gedacht, dass ich mal der deutschen Gründlichkeit nachtrauern würde. In Deutschland soll es angeblich weiße Weihnacht geben – „I am dreaming of a brown container" (ich träume von einem braunen Container).

Gehen Sie zu einer Party?

Schließlich wurde es Heiligabend. Und was war wohl unser größtes Weihnachtsgeschenk? Richtig, der Container! Morgens um zehn Uhr kam er an – nachdem der Fahrer drei Mal am Haus vorbeigefahren war. Natürlich regnete es in Strömen.

Sechs Männer, zwei Freunde und wir drei, wir alle machten uns ans Entladen und Auspacken! Unser Puppenhaus platzte aus allen Nähten. Einer der Möbelpacker erzählte mir ständig, dass das Haus für die vielen Möbel viel zu klein wäre. Als ob ich das nicht selber wüsste. Also wanderte ein Großteil in den Keller, den es wenigstens gab.

Kisten türmten sich in allen Zimmern – Chaos pur und zwischendurch musste sich mein Mann für den Heiligabendgottesdienst umziehen. Einer der Packer meinte: „Oh, gehen sie zu einer Party?" „Oh yeah, let's dance!" (Oh ja, lasst uns tanzen). So ein Weihnachten hatten wir noch nie erlebt, trotz allerlei Überraschungen, die einem im Pfarrersleben blühen. Dank der Einladung einer lieben Familie aus der Gemeinde zum Abendessen wurde es dann aber doch noch ein bisschen festlich.

Nach Mitternacht fielen wir todmüde und zum ersten Mal nach vier Wochen wieder in unsere eigenen Betten. Halt, was heißt da eigene Betten? Es waren die Jugendbetten unserer Kinder, da das Ehebett nicht in das Schlafzimmer gepasst hatte.

Am nächsten Tag, dem Ersten Weihnachtsfeiertag, war erst wieder Gottesdienst, dann auspacken, auspacken, auspacken. Immer wieder spannend, was so alles auftauchte, und vor allem, was nicht auftauchte. Voller Vorfreude machte man ein Päckchen auf und war gespannt, was herauskommen würde. Natürlich waren die Kisten beschriftet, aber das eine oder andere tauchte darin doch unerwartet auf.

Dann kam am 26. Dezember unsere Tochter mit ihren Freunden. Sie machten am Flughafen auch so ihre Erfahrungen: Bei der Einreise muss man eine Übernachtungsadresse angeben. Aber weder unsere Tochter noch ihre Freunde wussten unsere genaue Adresse. Bei Dreien ging alles glatt, aber – man ahnt es schon – der Vierte kam nicht durch. Verzweifelt erklärte er dem Beamten, dass er die Hausnummer nicht wüsste. Ja, dann solle er anrufen und sie erfragen – obwohl man eigentlich im Sicherheitsbereich das Handy gar nicht benutzen darf. Er musste sich vom Schalter entfernen und zu allem Überfluss funktionierte sein Handy in Amerika nicht. Schließlich bemerkte eine andere Beamtin seine Not und fragte nach, was das Problem wäre. Er erklärte es ihr, worauf sie lapidar meinte: „Schreiben Sie halt irgendeine Zahl rein." Nun hieß es auch für ihn: „Welcome to America!" (Willkommen in Amerika).

Credit History

Während die Kinder auf Sightseeing-Tour gingen, versuchten wir das Chaos in den Griff zu bekommen. Aber immer noch war kein Auto in Sicht. Die Social Security Number hatten wir nun zwar, aber keine „Credit history" (Kredit-Geschichte). Was um alles in der Welt ist eine „Credit history?" Ganz einfach: Man muss in Amerika Schulden machen, um zu beweisen, dass man in der Lage ist, diese abzubezahlen. Wenn man dann verschiedene Kredite abbezahlt hat, hat man eine sogenannte „Credit history" und dann, oh Wunder, werden einem Kreditkarten nur so nachgeschmissen. Vorher bekommt man keine einzige. Also beschlossen wir, ein gebrauchtes Auto zu kaufen, einen bestimmten Teil anzuzahlen und den Rest abzustottern. Somit konnten wir beweisen, dass wir in der Lage waren, mit Schulden umzugehen. Unergründlich sind die Wege der Amerikaner.

Silvester in den USA wird anders gefeiert. Im Gegensatz zu Deutschland ist im Staat New York das private Abbrennen von Feuerwerk verboten. Es gibt aber öffentliche Feuerwerke, das bekannteste davon findet am Times Square statt. Hat auch was, so konnten wir als umzugstraumatisierte Deutsche vor Mitternacht einschlafen. Der 1. Januar ist zwar ein Feiertag, aber die Geschäfte haben geöffnet. So zog ich mit unserer Tochter los, um Vorhänge zu kaufen. Genial!

Wo könnte ich in Deutschland am Feiertag Vorhänge kaufen?

Dann endlich das nächste Wunder! Wir fanden ein Auto, einen Mini-Bus, und noch wichtiger: einen Händler, der uns das Auto auch verkaufte. Später wussten wir, warum er uns das Auto verkauft hat. Nach der zehnten Reparatur haben wir es in Zahlung gegeben.

Engel

Wenn wir in dieser Anfangszeit nicht ein paar Engel in Form von hilfsbereiten Menschen zur Seite gehabt hätten, wären wir wohl verzweifelt. Mehr als einmal fragten wir uns, ob wir von allen guten Geistern verlassen waren, als wir uns auf das Abenteuer Amerika einließen. Aber jeder versicherte uns, wenn wir diese Anfangsschwierigkeiten gemeistert hätten, würden wir Amerika lieben. So richtig wollten und konnten wir das noch nicht glauben.

Auszug aus einem Brief in dieser Zeit an eine Freundin in Deutschland.

Liebe E.

Nachdem ich diesen Brief heute Nacht schon in Gedanken geschrieben habe, will ich es nun in die Tat umsetzen. Um 0.30 Uhr stand nämlich mein Ehemann plötzlich auf und meinte, einer der Feuermelder hätte gepiepst. Er machte sich auf die Suche. Da er ewig nicht wieder ins Bett kam, schaute ich nach. Der Rauchmelder in der Küche konnte es nicht gewesen sein, der hätte uns aus dem Bett geschmissen. Er ging neulich beim Pizzabacken los, einfach ohrenbetäubend, den hört selbst ein Gehörloser. Schließlich fanden wir den Übeltäter: Es war der Wecker unseres Sohnes, der noch auf die deutsche Zeit eingestellt war. Er stand auf dem Fensterbrett unseres sogenannten Wohnzimmers. Sogenannt deshalb, weil wir ja noch keine Möbel hatten. Also, Wecker abgestellt und wieder zurück in unsere Schaukelbetten, sprich Luftmatratzen. Da konnte ich dann ewig nicht einschlafen und habe gedanklich schon mal Briefe geschrieben.

Zunächst aber nochmals herzlichen Dank, dass Du extra zum Flughafen gefahren bist, das hat uns unheimlich gut getan. Und Deine Schokolade hat uns am nächsten Tag gerettet. Unser Sohn musste sich nämlich gleich an der Deutschen Schule vorstellen und da hat uns hier ein Gemeindeglied begleitet. Wir hatten ja noch kein Auto und überhaupt keine Ahnung, wo man was bekommt, wo die Schule ist und überhaupt. Dieses Gemeindeglied war uns am Anfang (und auch während ihrer ganzen Zeit in NY) eine unbezahlbare Hilfe. Sie hatte eine 18 Monate alte Tochter und die fand das Ganze natürlich nicht so lustig. Während der

Schulleiter uns die Schule zeigte, hat sie lauthals protestiert. Da haben wir sie kurzerhand mit der Schokolade ruhig gestellt. Ich hatte sie zum Glück in meiner Handtasche. Und dann stellten wir fest, oh Schreck, dass die Schokolade Likör enthielt. Aber dem Kind hat es wohl nicht geschadet, jedenfalls war es anschließend ruhig.

So kommen wir langsam „Step by step" (Schritt für Schritt) voran. Vieles ist nach dem 11. September für Ausländer wesentlich schwieriger, es wird alles doppelt und dreifach überprüft. Kann man einerseits verstehen, andererseits bin ich manchmal versucht, es mit Obelix' Worten zu sagen: „Die spinnen, die Amerikaner."

Beim Einkaufen an der Kasse wird man ständig nach der Telefonnummer gefragt. Wenn ich dann sage, dass wir kein Telefon haben, schaut mich die Kassiererin jedes Mal so an, als ob ich geradewegs vom Mars käme. Ohne Telefon bist du höchst suspekt – um nicht zu sagen, verdächtig. Eine Bekannte hier meinte lachend: „Sag doch einfach deine letzte deutsche, mal sehen, wie sie dann reagieren."

Beim Bargeld habe ich mich anfangs auch vertan, da die Dollarnoten fast alle gleich aussehen. Der Kassiererin sah man an, dass sie dachte: „Die tickt wohl nicht richtig." Na ja, „keep smiling!"

Dann war da die Weihnachtsfeier im Deutschen Verein, zu der der Herr Pastor mit Frau auch eingeladen war. Davor mussten wir allerdings noch einen Smoking besorgen. Hätte ja nie gedacht, dass ich meinen Mann mal im Smoking sehen würde. Das Abendessen „durften" wir selber bezahlen: 70 Dollar pro Person. Da war der Smoking mit 150 Dollar vergleichsweise ein Schnäppchen. Das Hauptgericht war aber nicht einmal ein Zehntel davon wert. Über die Hälfte der Anwesenden ließ es weitgehend unangetastet zurückgehen.

Beim Essen saß ich neben einem österreichischen Professor, der ein paar interessante Ansichten hatte. Zum Glück habe ich nicht alles verstanden, da er besser Englisch als Deutsch sprach. Überhaupt konnte man an diesem Abend aufgebrezelte Damen erleben, die Schönheitschirurgen hatten im Vorfeld sicher gut zu tun.

Beim Abschied wurde mir dann noch das Blumengesteck vom Tisch überreicht. Macht sich gut in der leeren Wohnung, es steht auf dem Kühlschrank. Außerdem küsste mich der Vizepräsident noch links und rechts auf die Wange (ein wildfremder Mann, wo kommen wir denn da hin?). Aber das ist hier Usus, daran musste ich mich erst gewöhnen. „Keep smiling!"

In White Plains gibt es einmal im Monat einen ökumenischen Kinder-Mitmach-Gottesdienst. Da war am Samstag die Weihnachtsfeier. Vor mir saß ein junges Mädchen, sie

drehte sich um und fragte. „Send Sie die Frau vom Pfar-
rer?" „Ja." „Wo kommet Se denn her?" „Aus Stuttgart"
„Ja sehn Se, i han mir doch glei denkt, dass d'r Pfarrer
schwäbelt, i komm von der Alb." Sie war Au-pair in den
USA, aber sehr unglücklich in ihrer Familie. Das mussten
wir leider sehr oft erfahren. Ich habe ihr dann auf unserer
letzten Luftmatratze Asyl angeboten.

So viel zu den Anfangsschwierigkeiten unseres
neuen Lebens in den USA. Eigentlich liebe ich es ja
jetzt schon, wenn nur, ja, wenn nur nicht ...

Abenteuer US-Führerschein

(Wilfried Wassermann)

Da wir bei jedem Biereinkauf im Supermarkt gebeten wurden, uns auszuweisen – ja, so ist das in den USA! –, beschlossen wir, als nächsten Schritt den US-Führerschein zu beantragen. Dazu mussten wir auf das „DMV – Department of Motor and Vehicles" (Amt für Motorfahrzeuge). Zu dritt tanzten wir also an einem Montagnachmittag im DMV von White Plains an. Unseren Sohn hatten wir um 14 Uhr von der Schule abgeholt, denn wir wussten: um 16 Uhr macht das DMV dicht.

Sechs Punkte

Neben dem Fischverkäufer, dem Supermarkt und dem Änderungsschneider fanden wir in der kleinen Mall das DMV recht schnell, denn die lange Schlange davor war nicht zu übersehen. Nach 45 Minuten des stehenden Wartens – außer uns hatten alle etwas zum Lesen oder Stricken dabei – kamen wir endlich an den Informationsschalter. Mütter mit Babys oder

Kinderwagen hatten einen Extraeingang mit Vor-
zugsbehandlung. Wir brachten unser Anliegen vor:
Wir möchten als Deutsche, die auf Zeit hier leben,
den US-Führerschein beantragen. Mit einem „Was-
ist-denn-das-für-ein-Wunsch"-Gesicht murmelte die
füllige „African American" (afrikanische Amerikanerin), wie heute die korrekte Bezeichnung für die
schwarze Bevölkerung lautet, hinter dem Schalter –
Komplikationen erahnend – etwas von 6 Punkten. Ja,
ich hatte 6 Punkte! Denn ich hatte mich vorher schlau
gemacht.

Man braucht, um den US-Führerschein zu beantragen, Nachweise über die eigene Identität. Ein Reisepass oder Personalausweis reicht dazu nicht aus. Um
wirklich zu beweisen, dass man die Person im Reisepass ist, gibt es ein hochkompliziertes Punktesystem:
eine Tabelle mit 35 Reihen, 4 Spalten und ca. 35 Millionen Kombinationen. Der Reisepass mit gültigem
Visum gilt als 3 Punkte. Die Social Security Number
als 2 Punkte. Dann kann man noch vorlegen: die Te-
lefonrechnung, eine Stromrechnung, eine Lebensver-
sicherung oder Ähnliches, die jeweils einen Punkt bedeuten.

Voller Stolz legte ich also meinen Reisepass samt Visum, die Social Security Number und meine mit der
EC-Karte vergleichbare „ATM"-Karte auf den Tre-

sen. Aber das schien die Dame nicht zu beeindrucken. Betrug erahnend, blätterte sie durch die Dokumente und mit einem „Hab-ich's-doch-gleich-gewusst"-Gesicht stellte sie triumphierend-traurig-gelangweilt fest, dass sie so etwas wie mein Visum überhaupt nicht kannte. Ich versuchte zu erklären, dass es ein R1-Visum war, das speziell für Pastoren und andere kirchlichen Würdenträger ausgestellt wird – mit Betonung auf Würdenträger in der Hoffnung, das würde sie beeindrucken. Was es aber nicht im Mindesten tat, denn sie hörte schon gar nicht mehr zu. Mit einer „Immer-die-gleichen-dreisten-Ausreden"-Miene gab sie uns die Papiere zurück und wies uns knapp an, wir sollen uns abseits stellen – der „Supervisor" (Vorgesetzte) würde sich höchstpersönlich um uns kümmern!

Klärung des R1-Visums

Das Schlimmste erahnend, stellten wir uns also abseits hin, um prompt vom Mann am Nebenschalter – mit der dicksten Brille, die ich je gesehen habe – ermahnt zu werden, uns doch bitteschön woanders hinzustellen, denn wir seien im Weg. Da standen wir also zu dritt „woanders" in einem Raum mit etwa 500 Personen, 20 riesigen Nummerntafeln, die alle paar Minuten die nächste Nummer zu den ca. 30 Schaltern rief – außer unserer, denn wir hatten ja noch keine!

Aber nach 30 Minuten kam immerhin eine kleinere Frau auf uns zu, die sogar höflich fragte, ob wir das Problem mit dem Visum seien. Ich wollte schon antworten, dass wir eigentlich gar kein Problem seien, sondern lediglich ein relativ seltenes, aber dennoch ein sehr gültiges, Visum im Pass hätten, das wir ganz legal in der US-Botschaft in Frankfurt für 96 Euro erworben hatten. Aber ich kam gar nicht so weit, denn sie bat uns, ihr zu folgen.

Im Gänsemarsch ging es also durch die endlosen Reihen der lesend und strickend wartenden Menschen ans andere Ende des DMV-Saales, nur um in eine neue Schlange zu geraten, die wir zunächst gar nicht als solche erkannten. „Please, stay in line" (Bitte der Reihe nach) kam dann prompt der Ruf von ganz hinten, was wir als „Angeklagte" natürlich sofort und inzwischen gar nicht mehr zu erklären versuchend befolgten.

Nach einer weiteren halben Stunde waren wir dann endlich dran am Schalter der „Supervisorin"! Endlich! Jetzt würde sich doch alles klären! Jetzt konnte es richtig losgehen! Doch als wir gerade beginnen wollten, kam ein ganz wichtiger Zwischenfall, den die „Supervisorin" höchst persönlich lösen musste, und so warteten wir erneut. Nach einiger Zeit tauchte sie dann wieder auf und sagte, es sei alles geklärt, wir

könnten wieder dorthin zurück, wo wir vorher gestanden hatten. Nach der Logik hinter den letzten
paar Anweisungen suchend, wollte ich als guter
Deutscher fragen, ob man das nicht alles hätte einfacher, leichter und besser machen können ... Aber ich
verkniff es mir, denn ich wollte ja meinen Führerschein und nicht die Organisation einer US-Behörde
umkrempeln.

Wir näherten uns also dem Schalter des Mannes mit
der dicksten Brille der Welt und versuchten abzu-
schätzen, wie weit wir uns nähern konnten, ohne
dass er wieder meinte, wir seien im Weg. Andererseits wollten wir doch so nah sein, dass uns seine Kollegin am Schalter daneben sehen konnte, denn dort
sollten wir ja schließlich wieder hin. Inzwischen aber
war die Reihe am Eingang versiegt, die Türen wurden dicht gemacht. Wir ahnten Schlimmstes. Über
zwei Stunden waren vergangen und wir hatten noch
nicht einmal den Antrag abgegeben!

Plötzlich kam der Mann mit der dicksten Brille der
Welt hinter dem Tresen hervor – mit einer Figur, die
der eines Fußballs ähnelte, wenn er gestrauchelt
wäre, wäre er einfach weitergerollt – und gestiku-
lierte mit seinen viel zu kurzen Armen wild umher.
Wir dachten schon, er wollte uns jetzt rauswerfen. Er
fragte jedoch nur, ob wir nicht mitbekommen hätten,
dass er uns schon seit einiger Zeit zu sich rufen

würde. Schon gewohnt, lieber nichts zu sagen, folgten wir ihm zum Schalter, wo er uns ein ca. 300-seitiges zerfledertes Manuskript unter die Nase hielt und uns das R1-Visum als tatsächlich gültiges US-Visum bestätigte. Juhu – geschafft! Wir haben den Führerschein!

Aber zu früh gefreut! Bei der Sichtung der Unterlagen unseres Sohnes kam die Frau mit dem „Hab-ich's-doch-gleich-gewusst"-Gesicht nur auf fünf statt der erforderlichen sechs Punkte. Oh Schreck! Wir hatten uns verzählt! Schnell überlegten wir, was wir noch präsentieren könnten, um zu beweisen, dass unser Sohn wirklich unser Sohn ist: den deutschen Führerschein? Gilt hier nicht als Nachweis! Den internationalen Führerschein im Auto? Gilt zwar bei einer Polizeikontrolle, aber nicht im DMV. Nichts hatten wir mehr, um zu beweisen, dass er wirklich er selbst ist. Eine letzte kleine Hoffnung blieb: Dürfen wir die Anträge da lassen und den letzten klitzekleinen, eigentlich doch völlig belanglosen letzten Punkt nachliefern? Doch mit der bereits bekannten „Immer-die-gleichen-dreisten-Ausreden"-Miene gab sie uns die Papiere zurück: „NOO!"

Geschlagen zogen wir von dannen – drei Stunden investiert, nichts erreicht! Doch es hatte ja auch eine positive Seite: Wir wurden weder des Terrors verdächtigt noch verhaftet oder in Handschellen abgeführt. Was aber irgendwie nicht wirklich tröstlich war.

Der Schülerausweis

Aber Geduld! Es wird doch noch gelingen – irgendwie. Unser Sohn besorgt sich einen Schülerausweis, dann ist der letzte Zweifel ausgeräumt, dass er wirklich er ist, und wir versuchen es halt noch einmal, wäre doch gelacht!

Gesagt, getan – drei Wochen später standen wir wieder in der Schlange zum Informationsschalter des DMV. Dieses Mal war sie kürzer. Keine 10 Minuten später standen wir vor einer anderen afrikanischen Amerikanerin. Ich wollte schon erklären, was wir wollten, kam aber nur bis zum dritten Wort. Mit einem „Red-nicht-so-viel-gib-lieber-die-Papiere-her"-Gesicht griff sie gleich nach den Unterlagen. „Was steht da drauf?", fragte sie knapp. „Das hat ihre Kollegin das letzte Mal draufgeschrieben", antwortete ich und verkniff mir, hinzuzufügen: „als wir fast drei Stunden umsonst hier waren!"

Sie strich die aufgelisteten Identitätsnachweise ihrer Kollegin kurzerhand durch und schrieb genau das Gleiche noch einmal darunter. Das R1-Visum hat sie wiederum überhaupt nicht interessiert. So kann's gehen! „Eine vernünftige Frau, die nicht viel reden oder diskutieren will, sondern handelt!", so dachte ich. Eins nach dem anderen wiederholte sie also in roter Farbe, was ihre Kollegin bei unserem letzten Besuch schon einmal auf die Antragsformulare gekritzelt hatte. Zum Schluss waren die Papiere unseres Sohnes dran: Visum, Social Security Number, Schülerausweis. „Where is the letter of enrollment?", fragte sie gewohnt knapp. Überrascht fragte ich: „Was ist das: letter of enrollment?" „Ein Brief der Schule, der bestätigt, dass Ihr Sohn auch tatsächlich den Unterricht besucht." „Wieso?", fragte ich verdutzt, „das wird doch durch den Schülerausweis bestätigt!" „Nein, der bestätigt lediglich, dass er dort eingeschrieben ist, nicht dass er den Unterricht wirklich besucht."

Mir wurde schwindelig. „Das ist doch Schikane", wollte ich schon sagen, wohl merkend, wie mir der Hals anschwoll und das Gesicht rot wurde. Aus den Augenwinkeln konnte ich erkennen, dass das Gesicht von „Sweetie" noch röter wurde, weil es sich gegen ihre sonstige Blässe stärker abhob. Das nahm die Frau mit dem „Red-nicht-so-viel"-Gesicht wohl auch wahr und schlug, vielleicht ahnend, was jetzt kommen könnte, gleich eine Lösung vor: „Ist das Ihr Sohn?" fragte sie noch knapper als sonst. „Ja, das ist unser

Sohn", antwortete ich, mit allem rechnend. „Sind Sie bereit, das schriftlich zu bestätigen?" „Ja, ja, selbstverständlich." „Dann kann das als Nachweis im Wert von einem Punkt gelten!"

Ich weiß nicht mehr, ob mein Gesicht rot, weiß, grün oder blau wurde. Ich kann mich nur erinnern, wie ich in Halbtrance irgendetwas unterschrieb, froh darüber, endlich die letzte Hürde auf dem Weg zum Führerschein genommen zu haben. Alle Gedanken, warum dieses Papier uns beim letzten Mal nicht angeboten wurde, habe ich mit allen mir zur Verfügung stehenden Kräften unterdrückt. Ich wollte ja lediglich einen Führerschein – und keinen Krieg gegen eine Behörde der USA.

Falsches DMV

So kam es doch noch, dass wir eine Nummer in der Hand hielten – insgesamt drei Nummern, denn jeder hatte eine bekommen. Noch nie war ich über eine Nummer so glücklich wie jetzt. Denn diese Nummern sagten: Jetzt sind wir wer! Von einer US-Behörde sechsfach bestätigt! Wir setzten uns, nicht ohne einen gewissen Stolz, in die unendlichen Reihen der Wartenden. Ein Gefühl fast wie Weihnachten überkam uns. Nicht mehr weit zur Bescherung.

Unser Sohn holte ein Getränk aus dem Automat. Wir tranken alle, denn wir merkten erst jetzt, dass wir ganz schön ins Schwitzen gekommen waren. Das kühlende Getränk tat auch sonst gut, nach der großen Aufregung. Die Nummern auf den Tafeln rasselten herunter. Etliche Monitore im Wartesaal brachten CNN-Nachrichten – was für ein Service! Wir kamen der Bescherung immer näher. Nach ca. einer Stunde waren wir dann tatsächlich dran.

Als Erstes wurde unser Sohn an einen Schalter gerufen. Fast gleichzeitig war „Sweetie" dran. Als beide ihre Nummer abgaben, leuchtete auch schon meine auf. Aber auf dem Weg zum Schalter kam ich ins Stutzen. Unser Sohn war wieder auf dem Weg zurück. „Schon fertig?", dachte ich, „das geht jetzt aber fix – doch sehr praktisch, die Amerikaner." Der Gesichtsausdruck unseres Sohnes passte jedoch nicht zu meinen Mutmaßungen. Auch die Gesichtsfarbe von „Sweetie", die ich aus den Augenwinkeln noch sehen konnte, wollte nicht recht zu einer Bescherung passen. „Sicher haben sich beide nicht verständigen können – Sprachschwierigkeiten halt, die sich gleich auflösen werden, wenn ich mich mit dem Mann am meinem Schalter unterhalte", redete ich mir beschwichtigend ein. Nach all dem „Trouble" (Ärger) konnte ich mir nicht vorstellen, dass es noch wirkliche Probleme geben könnte.

Der Mann hinter dem Schalter jedoch fragte mich, noch bevor ich richtig bei ihm war: „Gehören Sie zu den dreien, die einen Führerschein beantragen wollen? Hat Ihnen niemand gesagt, dass man dies auf dem DMV in White Plains gar nicht kann? Dazu müssen Sie auf das DMV nach Yonkers oder nach Peekskill ..."

Wir armen Irren – wie hatten wir glauben können, dass wir so schnell zu einem Erfolg kommen würden? Wir kamen uns vor wie die begossenen Pudel. Ich versuchte, ganz höflich zu bleiben, als ich den Mann am Schalter fragte, ob er nachvollziehen könne, wie wir uns jetzt vorkämen, nach dem wir zwei Nachmittage verbracht, fünf Stunden Schlange gestanden, unsere sechs Punkte auf- und niedergezählt, Papiere sorgsam vorbereitet und bis zum Umfallen gekämpft hätten. Mit einem echt anteilnehmenden Gesichtsausdruck konnte er nur antworten: „I am very sorry for you!" (Es tut mir sehr leid für Sie).

Das tat zwar gut, dass das jemand gesagt hatte, änderte aber nichts an der Tatsache, dass wir noch nicht einmal den Antrag auf Führerschein abgegeben hatten. Deprimiert fuhren wir nach Hause, und der erste Entschluss war: Wir lassen es sein! Es geht auch ohne. Viele Deutsche machen den US-Führerschein auch nicht, also was soll's? Doch dann rief die Kfz-Versicherung an, ob ich den Führerschein endlich nachweisen könne. Also doch noch einmal versuchen – aber dieses Mal nur die Männer, da „Sweetie" streikte.

Fantjhfline

So zogen wir beide los, um in Yonkers das DMV zu suchen, von dem die Nachrichten kurz zuvor berichtet hatten, dass eine Schießerei ausgebrochen war. Sicher von einem frustrierten Führerscheinantragsteller. Es war aber ganz friedlich als wir hineingingen und – ei pardauz – keinerlei Schlange am Informationsschalter! Das brachte mich schon aus dem Gleichgewicht, denn eigentlich wollte ich in der Schlage meine Gedanken ordnen und die Fragen formulieren, um ganz sicher zu gehen, dass es diesmal wirklich klappte.

Also kam ich etwas verunsichert am Informationsschalter an, an dem eine Kaugummi kauende junge afrikanische Amerikanerin uns mit dem wohl in stundenlangem DMV-Spezialtraining eingeübten Gesicht mit dem „Red-nicht-so-viel-gib-lieber-die-Papiere-her"-Ausdruck begrüßte. Ich hatte noch gar nichts gesagt, sie sah nur die Papiere und nuschelte etwas von „Fonojuline". „Wollen Sie nicht unsere sechs Punkte überprüfen?", fragte ich, als inzwischen erfahrener Führerscheinantragsteller ziemlich selbstsicher. Sie schaute mich aber mit einem „Ich-duldekeinen-Widerspruch"-Gesichtsausdruck an und wiederholte nur ihr „Fantjhfline". „Ja, aber die sechs Punkte ...", wollte ich ein drittes Mal ansetzen. Sie aber gab mit ihrem unmissverständlichen „Ich-sages-Ihnen-jetzt-zum-letzten-Mal"-Gesicht klar zu erkennen, dass sie zu nichts anderem bereit war: „I told you already: Funhnoline" (Ich habe es Ihnen doch schon gesagt: Funhnoline).

Mir schwante wieder Schlimmstes! Sollte ich gleich nach Hause gehen oder weiter herum irren? Was meinte die liebe Frau auch mit „Fantjhfline" oder so ähnlich? Denn jedes Mal klang ihre Aussage anders. Ich konnte mir beim besten Willen nicht vorstellen, was sie meinte. Mit unserem Sohn vereinbarte ich, einmal durch die uns inzwischen so bekannten DMV-Hallen mit den Nummerntafeln, Monitoren und Getränkeautomaten zu laufen. Vielleicht sahen wir doch noch etwas, was im Entferntesten an „Fantjhfline" oder „Funhnoline" erinnerte. Heimfahren konnten wir später immer noch.

Nach einigen Schritten sahen wir eine Schlange: Aha! Das musste es doch sein! Wo eine Schlange war, war sicher ein Anlaufpunkt für Antragsteller. Also stellten wir uns, nicht genau wissend, ob wir richtig waren, in die Schlange. Es ging recht zügig voran. Nach einer halben Stunde kamen wir dran. „Bitte einzeln nach vorne treten" hieß es dann. Ich legte meine Papiere vor, routiniert wurden sie erfasst, zügig bearbeitet, die rote Aufschrift der DMV in White Plains nicht (!) entfernt, sondern mit den Unterlagen abgeglichen. Ich war nicht wenig erstaunt!

„Lesen Sie die Buchstaben der 7. Linie von oben vor", wurde ich dann angewiesen, während die Sachbearbeiterin weiterarbeitete. Ich las sie vor, sie muss sie wohl auswendig gekannt haben, denn sie schaute gar nicht nach – das war der Augentest! Unser Sohn, im Stand nebenan, las die Buchstaben von einer Tafel, die gar nicht für ihn gedacht war und nur zwei Meter von ihm entfernt stand.

Dann hieß es: „Bitte stellen sie sich dort hin!" Ein Licht ging an: ein Bild wurde gemacht (ähnlich einem Verbrecherbild) und wir erhielten eine Nummer. Endlich wieder eine Nummer! Dieses Gefühl liebte ich. Auf dem Weg in die Wartehalle sah ich dann ein kleines Schild: „Foto Line" (Warteschlange zum Foto). Jetzt erst verstand ich, was die Kaugummi kauende Empfangsdame sagen wollte, als sie „Fantjhfline" nuschelte!

Lern-Fahrerlaubnis

Nun warteten wir auf den Aufruf unserer Nummer. Er kam alsbald. An einem Schalter erhielten wir eine kleine Karte mit 20 Fragen. Das war die theoretische Prüfung. Gefragt wurde unter anderem: Wie müssen die Vorderräder gestellt sein, wenn man in einer Kreuzung steht und links abbiegen will? A. Geradeaus. B. Links eingeschlagen. C. rechts eingeschlagen. D. Es ist egal. Wüssten Sie es? Geradeaus! Warum? Damit, falls beim Warten von hinten ein Auto draufknallt, das eigene Fahrzeug nicht auf die Gegenspur gerät und dort mit dem Gegenverkehr zusammenstößt. Die Statistik über die Unfälle von Fahrzeugen mit links eingeschlagenen Vorderrädern, die mit dem Gegenverkehr zusammenstoßen, würde mich brennend interessieren!

Wir gaben unsere Karten ab und erhielten eine neue Nummer. Keine fünf Minuten später wurde sie aufgerufen. Uns wurde mitgeteilt, dass wir die Theorie bestanden hätten, wir zahlten je 54 Dollar und bekamen eine vorläufige Lern-Fahrerlaubnis ausgehändigt. Mit dieser durften wir, in Begleitung von über 21-Jährigen auf dem Beifahrersitz, fahren. Und damit durften wir uns zum Fünf-Stunden-Kurs anmelden. Und danach zur Fahrprüfung.

Nach gut einer Stunde schon verließen wir das DMV-Gebäude, konnten es aber immer noch nicht ganz glauben, dass wir tatsächlich einen kleinen Erfolg errungen hatten! Ein paar Tage später flatterte dann tatsächlich per Post die Foto-ID, das wichtigste Dokument eines US-Amerikaners, ins Haus. Damit konnte ich endlich beim Bierkaufen im Supermarkt nachweisen, dass ich tatsächlich über 21 bin.

„Fünf-Stunden-Unterricht"

Aber der Weg zum wirklich echten und endgültig gültigen US-Führerschein war noch nicht zu Ende. Der nächste Schritt hieß „five hour class" (Fünf-Stunden-Unterricht), das Pendant zum deutschen Theorieunterricht. Die meisten Jugendlichen in den USA belegen diesen Kurs in ihrer „High School" (weiterführenden Schule). Ich buchte ihn – allein wegen der Eile – bei einer Fahrschule namens „Formula One" (Formel eins) – auch wenn ich nicht wirklich vorhatte, Michael Schumacher Konkurrenz zu machen.

An einem Samstagvormittag um elf Uhr traf ich mich mit acht weiteren Schülern, die alle hätten meine Kinder sein können, in einem klimatisierten Raum im Nachbarort. Das Erste, was uns José, der Lehrer, klarmachte, war, dass wir ja nicht denken sollten, wir würden seine Unterschrift schon nach 10 Minuten kriegen, wie in anderen Fahrschulen üblich. Sie seien eine ernsthafte Fahrschule, die die Bescheinigung erst nach wirklichen fünf Stunden erteilen würde.

Er wolle sich aber erst einmal vorstellen: Er sei José, komme aus Puerto Rico und habe zunächst als Buchhändler in Manhattan gearbeitet. Damit habe er viel Geld verdient, sodass er sich nach acht Jahren in Puerto Rico zur Ruhe gesetzt habe. Doch dann habe er wieder Geld gebraucht, sei erneut in die USA gekommen und habe als Zahntechniker in einem Dentallabor gearbeitet. Das habe er 18 Jahre lang getan und damit wieder so viel Geld verdient, dass er sich abermals zur Ruhe gesetzt habe. Jetzt sei er aber wieder da: als Fahrlehrer. Dieser dritte Beruf sei ganz interessant, man lerne Leute kennen, es sei abwechslungsreich und mache sehr viel Spaß. Ob er wieder so viel Geld verdienen würde, dass er sich bald zur Ruhe setzen konnte, sagte er aber nicht.

Dann stellten sich alle Anwesenden der Reihe nach mit Vornamen und ohne Einkommensangaben vor. Nach einer halben Stunde begann José dann den eigentlichen Unterricht, und zwar mit der Aufforderung, Fragen zu stellen, was er im Laufe der nächsten fünf Stunden noch sehr bereuen sollte. Denn als ob sie nur darauf gewartet hätte, schoss eine vorwitzige

17-Jährige direkt hinter mir eine Frage nach der anderen auf José ab. Die erste Frage, und das war noch die Harmloseste, lautete: „Wenn ich mit hoher Geschwindigkeit auf einen Zebrastreifen zufahre und dort überquert gerade ein älteres Ehepaar die Straße und ich gehe voll in die Bremsen und komme vor dem Zebrastreifen noch zum Stillstand, aber vor Schreck kriegt der Mann einen Herzinfarkt – kann ich dann für seinen Tod haftbar gemacht werden?" José verschlug es zunächst einmal die Sprache. Dann fasste er sich langsam wieder und sagte genau das, was ich selber auch oft sage, wenn ich nicht weiterweiß: „Das ist eine interessante Frage, weiß jemand eine Antwort darauf?" Die Klasse diskutierte dann eine halbe Stunde lang die Frage der Haftung beim Bremsen vor dem Zebrastreifen mit Todesfolge.

Zäh und lang zogen sich die Minuten hin. Ein Video mit schrecklich entstellten Unfallopfern wurde gezeigt, begleitet von der Mahnung: „Fahrt nie ohne Gurt!" Interessant wurde es immer nur dann, wenn die Vorwitzige hinter mir zu ihren Fragen ansetzte. „Wenn ich meine verstorbene Oma in meinem Auto auf dem Beifahrersitz transportiere, muss ich sie dann auch anschnallen oder kann ich sie straffrei auf dem Dach transportieren?" José ließ sich schon lange nicht mehr aus der Fassung bringen, sondern setzte zu leichten Kontern gegen seine zahlende Kundin an: „Sind wir hier vielleicht in einer Juraschule?"

Irgendwann war dann doch alles vorüber und ich hatte die begehrte Unterschrift auf meinem Fünf-Stunden-Kurs-Papier. Jetzt schnell noch auf die Internetseite des DMV, einen „Road-Test" (Fahrprüfung) online gebucht, und die letzte Hürde war genommen. Zu meinem Schrecken war der nächste freie Termin jedoch erst in zwei Monaten. Also blieb mir nichts anderes übrig, als zu warten.

Fahrprüfung

Am 15. September 2004 war es endlich so weit. Zwischen meiner ersten Unterrichtsstunde an der Deutschen Schule in White Plains und der dritten Stunde hatte ich eine Hohlstunde inklusive großer Pause, in der ich hoffte, meinen Road-Test (Fahrprüfung) zu bestehen. Ich fuhr also zur besagten Adresse, wo man die Schlange der wartenden Autos gleich sehen konnte. Man muss in den USA das Fahrzeug zur Prüfung nämlich selber stellen. Drei Prüfer waren am Werk: zwei afrikanische Amerikanerinnen und ein älterer Herr. Ich hoffte inständig, der ältere Herr würde mich prüfen, denn die afrikanischen Amerikanerinnen waren gefürchtet. In der Deutschen Schule hatten etliche schon unangenehme Erfahrungen gemacht. Eine Lehrerin sagte: „Die lassen jede weiße Frau zunächst durchfallen." Nebenbei bemerkt: Warum heißt es eigentlich „weiße Frau" und nicht „europäische Amerikanerin"?

Ich geriet tatsächlich an den älteren Herrn. Er kam allerdings fast nicht auf den Beifahrersitz meines Mini-Busses hoch. Ich murmelte etwas von hohem Einstieg und er bestätigte: „Yes, and I'm an old man" (Ja, und ich bin ein alter Mann). Und tatsächlich sah ich jetzt, dass er so Anfang siebzig sein musste. Wie viele andere arbeitete auch er noch im hohen Alter, weil die Rente vorne und hinten nicht zum Leben reicht. „Wer hat Sie hergebracht, warum sitzen Sie am Steuer?", fragte er mich als Erstes. Denn normalerweise darf man nicht selber zur Führerscheinprüfung vorfahren, sondern muss von jemandem im Besitz eines gültigen US-Führerscheins vorgefahren werden. „Ich habe einen internationalen Führerschein und fahre schon seit 30 Jahren in der ganzen Welt herum." Mit einer Miene, die besagte, dass er so etwas von jedem seiner Prüflinge hörte, inspizierte er meinen internationalen Führerschein, und dann konnte es losgehen.

Nach dem pflichtgemäßen, ganz bewusst langsam und überdeutlich ausgeführten Anschnallen, dem Blinker-Setzen und dem mustergültigen Schulterblick fuhr ich los. „An der Ampel rechts", lautete sein erstes Kommando. Die Ampel schaltete gerade auf Rot. Ich hielt an und wartete. Er wurde etwas nervös neben mir. Ich dachte: „Was will er denn? Ich halte doch an!" Dann fiel mir siedend heiß ein: Wenn nicht ausdrücklich durch einen Hinweis „No Turns on Red" (Kein Abbiegen bei Rot) verboten, darf man im

Staat New York bei roten Ampeln rechts abbiegen. Also fuhr ich in die freie Kreuzung ein. Über eine weitere Kreuzungsampel ging es dann zur nächsten Linksabfahrt weiter. Dort einmal rückwärts geparkt, eine Drei-Punkte-Wende gemacht und schon ging es wieder zurück. Insgesamt 6 Minuten waren wir unterwegs.

Am Ausgangspunkt angekommen, teilte er mir kurz mit, dass ich bestanden hätte. Ich unterschrieb einen Ausdruck ähnlich einem Kassenbon aus seinem transportablen Drucker – das war mein vorläufiger endgültiger Führerschein! Ich entließ den alten Herrn mit einem herzlichen „Thank you" (Danke schön) – und war von einer tonnenschweren Last befreit. Ich hatte ihn tatsächlich geschafft, den US-Führerschein, der uns schier zum Albtraum geworden wäre!

Zu guter Letzt: Hätten wir drei Kilometer weiter nördlich im Bundesstaat Connecticut oder im zehn Kilometer entfernten New Jersey gewohnt, hätten wir den deutschen Führerschein vorzeigen können und völlig problemlos nach drei Wochen den amerikanischen erhalten. Aber dann wäre das Leben auch viel langweiliger gewesen.

Die Kirchengemeinde

(Wilfried Wassermann)

Kriegsschauplatz

Bei den Bewerbungsgesprächen auf der „Behörde" in Hannover hatte man uns vorgewarnt: In der New Yorker Gemeinde herrscht Streit! Aber nach 20 Jahren Gemeindearbeit hatte uns das nicht sehr beeindruckt. Streit gehört mehr oder weniger dazu, wenn viele Menschen zusammenkommen und etwas bewegen wollen. Mancher Streit war auch durchaus nützlich, um Klarheit zu schenken, Positionen zu klären oder gewisse Standpunkte zu verdeutlichen. Allerdings hatten wir auch das andere erlebt: Zwist in der Gemeinde konnte spalten und zerstören.

Nichts hatte uns aber auf das vorbereitet, was wir in New York antrafen: Es herrschte regelrecht Krieg! Die verbalen „Kanonen" waren noch warm von der letzten Schlacht und der Beschuss ging ständig weiter. Salvenweise wurden Beschimpfungen auf die Gegenseite abgefeuert. Zarte Versuche, Verständnis für die andere Seite zu bewirken, glichen dem Tritt auf ein Minenfeld. Was immer man versuchte, ständig gab es Explosionen. Erst nach einiger Zeit war die Frontlinie für uns andeutungsweise erkennbar.

Auf der einen Seite stand die Gruppe der „alten St.-Paulaner", wie ich sie mal nennen will. Sie bestand nicht nur, aber hauptsächlich aus immigrierten Deutschen, die seit mindestens 40 oder mehr Jahren in New York lebten und genauso lange Mitglieder der Gemeinde waren. Sie hatten sich einerseits um die Gemeinde verdient gemacht: Über viele Jahre hinweg hatten sie die Hauptlast der kirchlichen Präsenz getragen und auch in schwierigsten Zeiten die Gemeinde am Leben erhalten. Andererseits hatten sie beträchtliche Machtpositionen aufgebaut und die Kirche wie kleine Könige regiert. Sie betrachteten die Kirche quasi als erweiterten Privatbesitz. Jeder, der nicht so dachte wie sie, war in ihren Augen ein Eindringling oder Feind.

Das galt vor allem für jene Deutsche, die von ihrer Firma für zwei oder drei Jahre nach New York entsandt wurden. Sie wohnten nicht wie die „alten St.-Paulaner" in der City, sondern in Westchester, da sich dort die Deutsche Schule befand. Diese Gruppe der „Expatriates" (Vorübergehend im Ausland lebende und arbeitende Menschen) erwartete in New York eine Kirche, wie sie es von Deutschland her kannte: neuere Lieder, Beteiligung am Gottesdienst und hohe Flexibilität.

Für die „alten St.-Paulaner" war die Hauptaufgabe der Kirche dagegen, zu bewahren, was sie unter deutscher Kirche verstanden – und das war die Kirche aus der Zeit ihrer Auswanderung in den Fünfziger- oder Sechzigerjahren. Entsprechend unwillig standen sie Neuerungen oder demokratischen Strukturen gegenüber. Auch hatten sie eine Art Assimilationsphobie entwickelt. Es herrschte eine übergroße Angst davor, auch nur ein englisches Lied im Gottesdienst zu hören oder zu singen. „Wir sind hier in einer DEUTSCHEN Kirche", hieß es dann laut und fordernd, „wenn wir englisch singen wollen, können wir in die Kirche um die Ecke gehen."

Natürlich hatten die „alten St.-Paulaner" einen großen Erfahrungsvorsprung, was das Leben und Arbeiten in den USA und den Umgang mit Behörden und offiziellen Stellen anbelangte. Aber dieser Vorsprung wurde oft als Keule missbraucht, um andere Meinungen oder gute Vorschläge zu erschlagen: „Sie wissen doch gar nicht, worauf Sie sich damit einlassen", hieß die Standardantwort auf neue Anregungen. Dann wurden Horrorgeschichten von Unfällen und ihren nachfolgenden Entschädigungszahlungen erzählt.

Das Leben in New York hatte sie in den vergangenen Jahrzehnten innerlich hart gemacht. In dieser Weltmetropole wurde ihnen nichts geschenkt. Wer sich hier 40 oder mehr Jahre behauptet hatte, hatte zu kämpfen gelernt – und war dabei abgestumpft. Entsprechend konnten sich die „alten St.-Paulaner" rabiat verhalten. „I don't care" (Ist mir doch egal) war ein oft gehörter Schlachtruf, wenn man in Diskussionen versuchte, Verständnis oder Empathie zu wecken.

Anfangs versuchte ich noch zwischen den Kriegsparteien zu vermitteln. Aber je mehr ich das tat, umso klarer wurde, dass beide Seiten keinerlei Bereitschaft zeigten, sich zu versöhnen. Ein deutscher Professor an der Columbia University sagte mir klipp und klar: „Zu den Betonköpfen in der St.-Pauls-Kirche gehe ich nie wieder." Und nachdem auch der Kirchenrat (wie man hier den Kirchengemeinderat nennt) nicht bereit war, sein klares öffentliches Bedauern über den „Krieg" auszudrücken und damit ein deutliches Zeichen für Frieden zu setzen, war klar, dass es keine Brücken geben würde. Schade!

Neue Mannschaft

Also verließ ich den Kriegsschauplatz und suchte mir eine neue Mannschaft. Leute, die nichts vom Streit wussten oder ihn zumindest nicht für so wichtig hielten, dass sie laufend darüber sprechen wollten. Und es war erstaunlich, wie wir plötzlich Menschen fanden – oder besser, wie sie uns fanden. Noch bevor wir nach New York ausreisten „fand" uns ein Arzt von der Universitätsklinik Tübingen. Kurz vor unserem Abschiedsgottesdienst in der damaligen Gemeinde klingelte das Telefon und er fragte: „Brauchen Sie in New York einen Jugendmitarbeiter?" Einen Monat nach uns kam er mit seiner Frau für zwei Jahre zur Forschung nach New York. Beide waren sofort engagiert! In der Konfirmandenarbeit und in der Kinderkirche.

Und so fanden sich mehr und mehr Friedfertige, die ihre Hauptaufgabe in der Kirche nicht im Streiten, sondern im Gemeindeaufbau sahen. Menschen, die die große Versöhnung Gottes leben und an andere weiter geben wollten. Ein deutsch-amerikanischer Banker konnte als neuer Schatzmeister gewonnen werden. Zu meinem Verdruss weckte diese Wahl aber die Kriegslust der „alten St.-Paulaner" wieder. Sofort wurde er mit einem Sperrfeuer belegt, diskreditiert und als ahnungslos abgestempelt. Wegen dieses Bombardements wollte er sein Amt gleich wieder niederlegen. Mit viel Mühe konnte ich ihn überreden, weiterzumachen. Daraufhin traten drei der alten Riege entnervt aus dem Kirchenrat aus. Sie waren wohl doch etwas kriegsmüde geworden. Für uns war es der erste kleine, aber taktisch sehr bedeutende Sieg!

So war jetzt mehr Platz für frischen Wind in der Gemeindeleitung. Natürlich gab es weitere brenzlige Momente. Auch wenn ihre Zahl dezimiert war und sie eine Schlacht verloren hatten, gaben die „alten St.-Paulaner" den Kampf nicht so schnell auf. Das führte beispielsweise dazu, dass während einer Sitzung der erste Vorsitzende, der nicht aus den Reihen der „alten St.-Paulaner" stammte, fluchtartig den Raum verließ und nie mehr in der Kirche gesehen wurde. Die Kriegsherren hatten es geschafft, ihn so „weich zu schießen", dass er mir gegenüber allen Ernstes behauptete: „Herr Pastor, Ihre Entsendung nach New York grenzt seitens der EKD an grobe Fahrlässigkeit." Sie hatten ihm vorgerechnet, dass die Kirche in fünf Jahren bankrott sei – und er hat ihnen leider geglaubt, trotz einer Rücklage in Höhe von einer Million Dollar.

Angesichts dieser wilden Auseinandersetzungen in der Kirche überfielen uns manchmal schon große Zweifel. War das wirklich wahr, was wir hier erlebten? Konnten Menschen so verbiestert sein? In Gedanken saßen wir das eine oder andere Mal auf gepackten Koffern. „Sollen sie doch ihre Kirche kaputt schießen, wenn es ihnen gefällt", dachten wir. „Wir können jederzeit woanders hingehen!" Aber in solchen Momenten hat es mich getröstet, dass ich mich nicht selbst nach New York berufen hatte, sondern mich von Gott dorthin gestellt wusste. Er kämpfte für uns. Und wie bei der Bewerbung erlebt, weckte diese Auseinandersetzung letztlich auch unseren Kampfgeist: „Warum sollen wir denen die Bühne überlassen?" „Warum sollen diese Kräfte in der St.-Pauls-Kirche siegen und nicht die friedlichen?"

Bald waren genügend Stimmen im Kirchenrat vorhanden, um richtige Änderungen durchzusetzen. Noch bevor der amtierende Vorsitzende das Feld so fluchtartig verließ, hatte ich einen neu gewählten Kirchenrat schon einmal vorgewarnt und gefragt, ob er eventuell bereit wäre, als Präsident zu kandidieren. Aus diesem „Notfall" sollte sich bald ein „Dream Team" (Traumteam) bilden, das der Gemeinde sprichwörtliche „sieben fette Jahre" bescherte. Nie zuvor hatte ich einen ähnlich professionellen Kirchenrat erlebt. Sitzungen dauerten nicht länger als 90 Minuten. Effizient und rasch wurden die notwendigen Entscheidungen herbeigeführt. Zum Wohle der Gemeinde. Ohne Streit. Ohne Besserwisserei. Im Dienste Gottes.

Renovierungen

Denn große Aufgaben standen schon lange an. Der innere Zustand einer Gemeinde drückt sich ja oft in ihrem äußeren Erscheinungsbild aus. Und dieses war erbärmlich – vor allem im Außenbereich des Kirchengebäudes. Abgeplatzter Beton, verrostete Zäune und statisch unsichere Brücken mit großen, tiefen Rissen in den Fliesen. Ein vom New Yorker Denkmalamt geförderter Zustandsbericht eines Architektenbüros hatte detailliert herausgearbeitet, wo dringender Handlungsbedarf bestand.

Zunächst mussten aber die notwendigen Mittel in Höhe von 250.000 Dollar aufgetrieben werden – zusätzlich zum laufenden Bedarf in gleicher Höhe. Also wurde ein Fundraising-Programm (Spendensammelprogramm)auf die Beine gestellt. Dank eines großen schwäbischen Automobilherstellers konnte eine Hochglanzbroschüre in Englisch und Deutsch gedruckt werden. Außerdem fand ich im Archiv der Kirche ein liebevoll gestaltetes Dankalbum des Württembergischen Evangelischen Landesverbandes für Kindertagesstätten. Mit Fotos und selbst gemalten Kinderbildern bedankte er sich bei der St.-Pauls-Kirche für die Spende von zehn Tonnen Milchpulver in den Hungerjahren nach dem Zweiten Weltkrieg. Daraus machten wir eine weitere Broschüre: „Wie die St.-Pauls-Kirche Württemberg half und nun selber Hilfe braucht". Dieses Material benutzte ich in Deutschland für Vorträge in Gemeinden, ging damit an die Presse und fragte bei der Landeskirche an. Das erbrachte insgesamt 65.000 Dollar.

Dass auch das Thema Geld mit Glauben und Gottvertrauen zu tun hat, gehörte ausgerechnet in der Geldstadt New York zu den Alltagserfahrungen. Im Gegensatz zu Deutschland, wo das Geld durch die Kirchensteuer von selbst sprudelt, waren wir in New York darauf angewiesen, dass uns Menschen ihre Unterstützung zusicherten. Auf die Frage des Schatzmeisters, ob ich glaubte, dass wir das Geld für die Renovierung zusammen kriegen würden, konnte ich deshalb nur antworten: „Wir haben einen reichen Vater im Himmel." Der schickte dann beispielsweise zwei Spenden zu je 44.000 Euro vom Himmel – genauer gesagt von Hamburg. Der Sohn eines Immobilienmagnats aus Hamburg hatte in unserer Kirche geheiratet, hörte von der Aktion und ihm wurde, zusammen mit seiner Mutter, das Herz – und der Geldbeutel – aufgetan.

So war nach knapp zwei Jahren die erforderliche Summe beieinander. Die Renovierung konnte beginnen und das Äußere der Kirche – gewissermaßen ihre

Visitenkarte – erstrahlte danach in neuem Glanz. Ein großes Wiedereinweihungsfest konnte gefeiert werden. Das Band wurde vom deutschen Generalkonsul feierlich durchschnitten.

Ein Jahr später war die Innenrenovierung dran. Der Gemeindesaal, den die Kirche sehr oft vermietete, hatte es dringend nötig. Die Kosten wurden auf 100.000 Dollar veranschlagt. Nicht schlecht staunten wir aber als diese Renovierung für lediglich 50.000 Dollar durchgeführt werden konnte. Durch die Rezession waren die Handwerkerpreise dermaßen niedrig, dass wir es nicht nur mit der Hälfte des veranschlagten Geldes, sondern auch in der Hälfte der Zeit schafften. Sämtliche Handwerker waren nämlich sofort zur Stelle.

Weil nun „Profis" im Kirchenrat saßen, konnte auch anders gewirtschaftet werden! Bei unserem letzten Renovierungsprojekt sollte der Gottesdienstraum klimatisiert werden. Im Sommer konnte es dort durchaus 40 Grad bei sehr hoher Luftfeuchtigkeit geben. Vor allem abends war es fast nicht auszuhalten. Die Anfrage bezüglich einer Klimaanlage kam von einer jungen amerikanischen Gemeinde, die sonntagabends unsere Kirche für ihre Gottesdienste benutzte. Die eingeholten Angebote bewegten sich zwischen 80.000 und 160.000 Dollar. Ein Ingenieur aus dem Kirchenrat schaffte es, in Verbindung mit viel

Eigenleistung, für 10.000 Dollar. Die Anlage war sogar über das Internet fernsteuerbar. Wo ein Herz für Kirche ist, da tun sich tolle Wege auf!

Das Pfarrhaus

Auch was das Pfarrhaus betraf, erlebten wir wahre Wunder. Geplant war unsere Unterkunft im „Puppenhaus" nur für die Anfangszeit. In dem Entsendungsvertrag war festgeschrieben, dass die Gemeinde ein Pfarrhaus kaufen oder bauen würde. Also machten wir uns gleich zu Anfang mit einer deutschen Maklerin auf die Suche nach einem geeigneten Objekt. Wir erschraken aber über das Verhältnis von Qualität und Preis. Auf dem Höhepunkt der Immobilienblase in den USA bekam man in den Vororten von New York für eine Million Dollar nur bessere Bruchbuden. Überdies war es den „alten St.-Paulanern" auf der ersten Gemeindeversammlung gelungen, den Kauf eines Pfarrhauses zu torpedieren – nicht weil es zu teuer war, sondern weil es in Westchester und nicht in Manhattan sein sollte – das war ja bekanntlich Feindesland!

Also legten wir die Pläne zunächst auf Eis. Wir suchten selbstständig nach einer Mietwohnung, die mehr Platz hatte als unser „Puppenhaus", und fanden sie in Sleepy Hollow, einem malerischen Ort am Hudson, der durch den gleichnamigen Hollywoodfilm (1999) berühmt wurde. Ein Landschaftsgärtner hatte über seinen Lkw-Garagen eine großzügig dimensionierte Wohnung gebaut. Von dem Riesensaal von 15 mal 10 Metern mit Küche, Wohn- und Esszimmer konnten wir sogar noch ein Büro abzweigen. Auch das Schlafzimmer war groß genug, dass wir endlich in unserem eigenen Ehebett schlafen konnten. Ein Gästezimmer mit eigenem Bad rundete das schöne Ensemble ab. Und nach drei Jahren christbaumloser Zeit konnten wir endlich wieder einen Weihnachtsbaum aufstellen, direkt von unserem „Landlord" (Vermieter) geliefert. Somit war auch unser Sohn zufrieden, der am ersten Weihnachten in Amerika meinte: „Weihnachten ohne Christbaum ist kein richtiges Fest."

Wir wären wohl bis zum Ende meiner Dienstzeit in diesem wunderbaren Domizil geblieben, wenn nicht 2008 die Immobilienkrise gekommen wäre. Plötzlich waren die Häuser teilweise um 50 Prozent billiger. Das war die Chance für die Gemeinde, ein Schnäppchen zu machen. Immer wieder rafften wir uns auf, weitere Häuser zu besichtigen, meistens aber nur noch „Sweetie", Junior und die Maklerin. Nach fünf Jahren Suche und fast 200 besichtigten Objekten fanden wir dann eher zufällig – auf Drängen der Maklerin – das ideale Haus: mit adäquatem Gemeindesaal im Untergeschoss, großem Garten für Gemeindeveranstaltungen und genügend Abstand zu den Nachbarn, um diese nicht zu stören.

Es war zunächst für 1,4 Millionen Dollar auf dem Markt gewesen. Wir konnten es für deutlich weniger als eine Million Dollar erwerben. Ein Drittel des Kaufpreises bestritt die Gemeinde aus Rücklagen, ein Drittel durch einen Kredit und ein weiteres Drittel war Zuschuss der „Behörde". Noch einmal fast 100.000 Dollar Gewinn brachte die Abwicklung, weil sich zwischen der Auszahlung in Euro und der Bezahlung in Dollar der Wechselkurs zu unseren Gunsten verändert hatte. Es passte alles! Eine bittere Pille gab es dennoch: Für uns war somit der dritte Umzug in sechs Jahren fällig! Aber wie heißt es so schön: Übung macht den Meister.

Nichts ist beständiger als der Wandel

Was die Gemeinde in New York besonders prägte, war der große Wandel. Im Durchschnitt blieben die Mitglieder, die hierher versetzt waren, zwei bis drei Jahre. Dann wurden sie von ihren Firmen weitergeschickt. Manche gingen zurück nach Deutschland, manche nach China, es konnte aber auch Singapur, Tokio oder Alabama sein. Das moderne Nomadentum war in New York hautnah erlebbar. Das schuf eine ganz eigene Welt. Manche Deutsche kamen auch nicht direkt aus Deutschland, sondern von Kanada,

Sydney oder Barcelona. Hunderte von deutschen Kindern wuchsen so nicht in ihrem Heimatland, sondern irgendwo auf der ganzen Welt auf. Trotzdem waren sie Deutsche und besuchten deutsche Schulen, kamen zur deutschen Kirche und kauften bei deutschen Metzgern im Ausland ein.

Aber genau aus diesem Grund war es sehr schwierig, eine Beständigkeit im kirchlichen Leben zu etablieren. Ein Ehepaar, das längerfristig in New York wohnte, beschloss aus diesem Grunde, keine engeren Freundschaften mehr mit „Expatriates" einzugehen. Die beiden hatten es satt, alle paar Jahre diese Freunde zu verlieren und nach neuen suchen zu müssen. Auch der Chor der Kirche hatte mit diesem stetigen Wandel zu kämpfen. Jeden Sommer gab es ein Abschiedsfest für wegziehende Mitglieder. Erst im Herbst war dann klar, ob es mit dem Gesang überhaupt weitergehen würde. Manchmal gab es auch positive Überraschungen, wenn plötzlich mehrere neue Sänger oder Sängerinnen dazu stießen.

Im Schnitt verlor die Gemeinde regelmäßig zum Sommer 10 bis 20 Prozent ihrer ca. 250 eingetragenen Mitglieder. Und jedes Mal hoffte man, den Verlust durch Neuzugänge im Herbst ersetzen zu können. Oft dauerte es aber bis Weihnachten oder wurde gar noch später, bis neue Mitglieder auftauchten. Entweder wussten sie nichts von der Kirche oder sie waren mit dem Einleben in der Fremde so beschäftigt, dass sie für Kirche zunächst keinen Kopf hatten. Umgekehrt stellte sich manchmal erst nach Jahren heraus, dass Mitglieder gar nicht mehr in New York lebten, sondern längst weitergezogen waren.

Eine wertvolle Zugangsquelle für neue Mitglieder war die Anmeldung zur Konfirmation nach den Sommerferien. Da konnte man auch gleich die Besonderheit erklären, dass Deutsche in New York nicht automatisch Mitglieder in der St.-Pauls-Kirche sind, sondern die Mitgliedschaft erst beantragen müssen. Mit dieser Anmeldung konnten sie sich dann freiwillig verpflichten, einen Mitgliedsbeitrag zu entrichten. Dessen Höhe war an die deutsche Kirchensteuer angepasst. Manche gaben aber auch deutlich mehr. Manche allerdings zogen es vor, nicht Mitglieder zu werden, und bezahlten dann eine Gebühr für den Konfirmandenunterricht.

Ohne Werbung bist du tot

Überhaupt war es in New York ständige Aufgabe, auf die Kirche aufmerksam zu machen. Während in Deutschland die Kirche immer im sprichwörtlichen Dorf blieb, ging die New Yorker Gemeinde im Großstadtgetümmel völlig unter. Eine Deutsche, die Mitglied wurde, erzählte, dass sie 40 Jahre in New York gewohnt hatte, ohne von der St.-Pauls-Kirche gehört zu haben. Sie wohnte im Ortsteil Queens. Das war fast eine Stunde weit von der Kirche weg.

Eine Stunde war auch die durchschnittliche Zeit, die Mitglieder und Besucher brauchten, um in die Kirche zu fahren. Kaum ein Mitglied wohnte im Umfeld der Kirche. So kam es, dass es fast ausschließlich eine Sonntagsgemeinde war. Wer fährt schon eine Stunde in die Kirche für ein Konzert, einen Vortrag oder eine Versammlung, um anschließend noch einmal eine Stunde nach Hause zu fahren? Solche Veranstaltungen konnten nur am Sonntag im Anschluss an den Gottesdienst stattfinden, wenn die Leute sowieso da waren. Etliche Versuche, Angebote während der Woche zu terminieren, entpuppten sich als Riesenflop. Konzerte an Wochentagen lockten nicht einmal 20 Personen in die Kirche.

Also versuchten wir die Werbetrommel so laut wie möglich zu rühren: Eine Internetseite wurde erstellt, Werbebroschüren an alle deutschen Einrichtungen in New York gesandt und im bekanntesten deutschen Reiseführer wurde ein Hinweis eingefügt. Präsenz zeigten wir auch bei der jährlichen Steuben-Parade, wo wir mitmarschierten und mit kleinen Einladungskarten auf unsere Kirche hinwiesen. Auch über die Deutsche Schule erreichten wir Menschen. Annoncen in örtlichen deutschsprachigen Zeitungen zu Weihnachten und Ostern brachten aber immer weniger

Resonanz. Am besten wirkten die persönlichen Ein-
ladungen: etwa die Vorstellung der Kirche beim Wel-
come-Abend an der Deutschen Schule, wo die neuen
„Expatriates" begrüßt wurden, oder im Anschluss an
Veranstaltungen des Konsulats oder anderer deutscher Einrichtungen. Wichtigstes Werbemittel war
die Business-Card. Ich verteilte Hunderte davon, im
Gegenzug habe ich Hunderte gesammelt.

Der Kindergarten

(Barbara Wassermann)

Aus Versehen ein Arbeitsvisum

In Deutschland, als auch unser Jüngster in der Schule war, hatte ich immer wieder in verschiedenen Kindergärten als Erzieherin Vertretungsdienste geleistet. Auf der „Behörde" sagten sie uns, dass ich in New York nicht arbeiten dürfte, da ich nur ein Begleitvisum bekommen würde. Also machte ich mir keine Hoffnungen, wo sollte ich auch arbeiten? In einem englischsprachigen Kindergarten fühlte ich mich zu unsicher und eine deutsche Einrichtung würde es wohl gar nicht geben. Allerdings hatte ich mich in dem ganzen Trubel vor unserer Ausreise auch nicht mehr schlau dazu gemacht.

Als wir dem Schatzmeister der Kirche unsere Sozialversicherungsnummern gaben, stellte er fest, dass sowohl unser Sohn als auch ich doch eine Arbeitserlaubnis hatten. Statt eines R2-Visums für begleitende Personen hatten wir ebenfalls ein R1-Visum bekommen, das zum Arbeiten berechtigte. Hatte sich die amerikanische Beamtin auf dem Konsulat in Frankfurt getäuscht? Egal.

Als wir schon ein paar Wochen in New York waren, erfuhr ich, dass es sehr wohl einen deutschen Kindergarten in White Plains gab. Ursprünglich war er sogar Bestandteil der Deutschen Schule, musste aber ausgegliedert werden, da die Schule keine Bewilligung für Betreuung von Kindern unter fünf Jahren hatte.

Also mussten die Kleinkinder anders untergebracht werden. Kurz entschlossen übernahm die bisherige Erzieherin, eine Schweizerin, diese nicht leichte Aufgabe: Der Kindergarten wurde nun ein Privatbetrieb mit allen damit verbundenen Risiken. Sie musste geeignete Räume finden, Zusatzkurse über Management an der Uni belegen, und vieles mehr.

Die Aufteilung der Arbeit im Kindergarten in den USA ist nicht mit der deutschen Aufteilung vergleichbar. Die Kinder zwischen drei und fünf Jahren sind nach Altersgruppen getrennt und das Ganze nennt sich „Nursery school". Der amerikanische „Kindergarten" ist eher vergleichbar mit der deutschen Vorschule. Da werden dann auch schon Buchstaben und einfache Rechenaufgaben gelehrt. Der Einfachheit halber bleibe ich aber beim Begriff Kindergarten.

Der versteckte Kindergarten

Ich vereinbarte also mit der Leiterin einen Termin um das Ganze mal kennenzulernen. Das war nun wieder eine besondere Herausforderung. Ich war nämlich bisher alleine nur mir bekannte Strecken gefahren, da wir uns zu Beginn unserer Amerikazeit ständig verfahren hatten. Also gab ich das Ziel ins Navi ein, das mich auch hervorragend zur Prospect Avenue führte. Aber wo um alles in der Welt war der Kindergarten? Überhaupt war die ganze Gegend etwas heruntergekommen.

Nachdem ich die Prospect Avenue vier Mal abgefahren hatte – schon der Name Avenue war eine maßlose Übertreibung für die knapp 20 Häuser –, und das Navi mich beinahe verrückt gemacht hatte, da es mich immer an die gleiche Stelle führte, gab ich schließlich entnervt auf. Ich war heilfroh, dass ich wenigstens den Rückweg ohne Probleme fand.

Zu Hause angekommen, klingelte schon das Telefon und die Leiterin fragte, wo ich denn bliebe. Da klärte sich die Sache auf: Der Kindergarten war nicht in der Prospect Avenue, sondern in der Prospect Street! Also machte ich mit der Leiterin einen neuen Termin aus und fand den Kindergarten prompt.

Mein erster Eindruck war nicht gerade überwältigend. Die Räume lagen im Untergeschoss, allerdings hatten sie Tageslicht. Dann die sanitären Zustände: In Deutschland wäre das so niemals erlaubt gewesen. Die Erzieher mussten auf dieselbe Toilette wie die Kinder. Das Mobiliar war wild zusammengewürfelt, es wirkte alles etwas provisorisch. Aber wir machten das Beste daraus.

Und dann ergab sich eine geniale Lösung: Da ich nur 50 Prozent arbeiten wollte, um noch Zeit für Gemeindearbeit zu haben, traf es sich gut, dass eine andere Erzieherin ebenfalls 50 Prozent arbeiten wollte. So teilten wir uns die Stelle jeweils im Wochenrhythmus und konnten uns auch immer gegenseitig vertreten. Von Anfang an verstanden wir uns super und es war bis zum Schluss eine gute Zusammenarbeit.

Fingerprints

Bevor das Abenteuer Kindergarten starten konnte, gab es allerdings noch etliche bürokratische Hürden. Als Erstes mussten Fingerabdrücke gemacht werden, und zwar von allen zehn Fingern. Das geschieht auf der Polizeistation. Aber man kann beileibe nicht einfach kommen und seine Fingerabdrücke abgeben wollen. Nein, das geht nur an bestimmten Tagen und ist natürlich gebührenpflichtig.

Also beschloss ich, mit meinem „husband" nach Manhattan zu fahren, um die Fingerabdrücke auf der Polizeiwache bei der Kirche nehmen zu lassen. Als wir hinkamen, war bereits eine lange Schlange vor uns. Brav warteten wir, während um uns herum viele Polizeibeamte schäkerten, Kaffee tranken oder Donuts aßen. Für das Abnehmen der Fingerabdrücke war lediglich eine ziemlich lustlose, dafür umso kräftigere Beamtin zuständig.

Bis 12 Uhr hatten wir Zeit, dann schloss die Polizeistation. Als wir gerade die Nächsten in der Reihe waren, und hinter uns noch einige warteten, brüllte die Polizistin: „Für heute ist geschlossen, ich habe um 11.30 Uhr einen Arzttermin." Na, vielen Dank! Innerlich war ich auf 180.

Der nächste Termin war dann zwei Tage später: Erneut mussten wir Schlange stehen – glücklicherweise klappte es dieses Mal. Von derselben, nicht gerade freundlichen Beamtin wurde ich alleine in einen kleinen Raum geführt. Wie aus Filmen bekannt, nahm sie mir mithilfe eines Stempelkissens die Abdrücke ab. Ich kam mir wie eine Schwerverbrecherin vor.

Die ärztliche Untersuchung konnte ich glücklicherweise bei einer deutsche Ärztin in White Plains machen lassen. Sie war sehr nett und hat auch nie utopi-
sche Preise verlangt.

Als alle Hürden genommen waren, konnte ich im
September, zu Beginn des neuen Schuljahrs, mit der
Arbeit beginnen. Von Anfang an hatte ich viel Freude
daran, unter anderem deshalb, weil in den USA der
Personalschlüssel wesentlich besser ist als in
Deutschland. Bis zu sieben Kindern kann eine Erzie-
herin alleine betreuen, bei mehr Kindern muss eine
Zweitkraft dazu. Ab fünfzehn Kindern müssen drei
Erwachsene anwesend sein.

„In our age"

Im ersten Jahr hatte ich eine Amerikanerin als Zweitkraft, was an sich gut war, denn dadurch war eine
Muttersprachlerin in der Gruppe. Unsere Zusammenarbeit gestaltete sich jedoch schwierig, da die
Vorstellungen über die Kinderarbeit sehr auseinan-
dergingen. Nach einem Jahr kündigte sie. Daraufhin
kam eine Chinesin, etwa zwei Jahre jünger als ich. Ihr
Mann war bei der UNO und sie hatte ein paar Jahre
in Wien Musik studiert, deshalb sprach sie einige
Worte Deutsch. Ihr Englisch war allerdings nicht viel

besser. Auch sonst gab es wenig Gemeinsames. Ihr beliebtester Ausspruch: „In our age, we shouldn't do this" (In unserem Alter sollten wir nicht einer solchen Arbeit nachgehen). Im Winter weigerte sie sich sogar mit den Kindern in den Garten zu gehen – man hätte ja frieren können!

Am schlimmsten waren die Mahlzeiten. Ich weiß um die kulturellen Unterschiede. Aber jedes Mal mit einer schmatzenden, mit weit aufgerissenem Mund essenden Chinesin an einem Tisch zu sitzen war eine besondere Herausforderung für meine deutsche Erziehung. Ich aß nicht mehr im Kindergarten. Nach der Mahlzeit schlief sie in schöner Regelmäßigkeit am Tisch sitzend ein. Die Kinder hatten – im Gegensatz zu mir – ihren Spaß dabei.

Also bestanden meine Kollegin und ich im dritten Jahr auf einer deutschen Helferin. Wir hatten das Glück, eine wunderbare zu bekommen. Nach fünf Jahren sehr guter Zusammenarbeit machte sie uns dann mein „husband" abspenstig. Er entführte sie als Pfarramtssekretärin in die Kirche. Seine bisherige jahrelange treue Kraft und persönliche Freundin musste nach Deutschland zurück. Wir waren nicht sehr „amused" (erfreut). Aber noch einmal war uns das Glück hold, eine Hamburgerin wurde die nächsten zwei Jahre unsere treue und lustige Begleiterin.

Der Kindergarten entwickelte sich zunächst prächtig, bald hatten wir zwei Gruppen. In der Regel kamen ausschließlich Kinder mit deutschem Hintergrund zu uns. Oft war nur ein Elternteil Deutscher oder Deutsche, aber ihnen war es wichtig, dass die Kinder Deutsch als zweite Sprache lernten.

Das war allerdings kein billiges Vergnügen: Da es ein Privatbetrieb war, kostete ein Kind über 1000 Dollar im Monat. Für die von Firmen oder Regierungen entsandten Eltern war das kein Problem, da ihre Arbeitgeber den größten Teil der Kosten übernahmen. Andere mussten genau kalkulieren und buchten für ihre Kinder ein Teilprogramm mit zwei oder drei Tagen Anwesenheit pro Woche.

Wir lernten viele Eltern mit den unterschiedlichsten kulturellen Hintergründen kennen. Manche ihrer Beweggründe blieben uns jedoch unverständlich: Eines der Kind hatte überhaupt keinen deutschen Hintergrund, lediglich seine Mutter, eine Südamerikanerin, fand die deutsche Sprache toll. Aber anstatt dass sie Deutsch lernte, sollte es das Kind tun. Das war sehr schwierig, da das Kind verständlicherweise keine große Lust hatte.

So sah übrigens auch unser täglicher Spagat aus: Die Eltern aus Deutschland baten, mit ihren Kindern doch mehr Englisch zu sprechen. Die Eltern mit amerikanischem Hintergrund wünschten sich natürlich mehr Deutsch. Dazu kam mein schwäbischer Akzent. Sie wissen schon: Schwaben können alles, außer Hochdeutsch. Meine Hamburger Kollegin zog mich damit immer auf.

30 Stunden Fortbildung

Ein weiteres amerikanisches Kuriosum ist es, alle zwei Jahre die Lizenz für den Kindergarten neu beantragen zu müssen. Dabei wird vom Staat alles neu überprüft. Unter anderem wird kontrolliert, ob alle Mitarbeiterinnen 30 Fortbildungsstunden nachweisen können. Eigentlich eine gute Sache, wenn nicht immer dieselben Themenbereiche abgedeckt werden müssten: Gesundheit, Kindesmissbrauch, Sportaktivitäten, Management usw. Wenn man dann zum fünften Mal dasselbe Video über Kindesmissbrauch oder Baby-Schüttelsyndrom gesehen hat, schaltet man einfach nur noch auf Durchzug.

So ergab sich eine kuriose Situation: Die Fortbildung begann um 19 Uhr und sollte um 21.30 Uhr enden. Danach wurde ein Zertifikat ausgestellt. Die Ausbilderin, oder wie immer man sie bezeichnen will, führte uns nach einer kurzen Einführung, in der sie betonte, sie wüsste genau, dass wir sowieso nur unsere Stunden absitzen würden, ein Video vor. Unglücklicherweise endete aber das Video schon um 21 Uhr. Gleichzeitig konnte man durchs Fenster sehen, dass ein gewaltiges Gewitter heraufzog. Was nun? Jeder vernünftige Mensch hätte uns entlassen. Aber nein, es fehlte ja noch eine halbe Stunde. Also legte die Ausbilderin ein anderes Video ein, das überhaupt nichts mit unserem Thema zu tun hatte. Dieses brach sie dann Punkt 21.30 Uhr, mitten im Satz, ab, um uns in den strömenden Regen zu entlassen.

Als Pfarrer in New York

(Wilfried Wassermann)

Über mir ist nur der liebe Gott

Man kann sich vorstellen, dass man als Pfarrer einer sich stets wandelnden, von Unrast und Wechsel geprägten und wenig „griffigen" Kirchengemeinde so seine liebe Not hat. Die Arbeit glich oft dem Kampf gegen Windmühlen. Ich musste mich vor allem an die Einsamkeit gewöhnen. Meist war ich auf mich alleine gestellt. Hatte es im kirchlichen Umfeld Deutschlands ein Heer von Experten für alle Fragen des kirchlichen Lebens auf Verwaltungs-, Bezirks- und Landeskirchenebene gegeben, fehlten diese in New York vollkommen. Zwar hatten wir eine gute Verbindung zur Lutherischen Kirche in New York (ELCA), deren Bischof mich sogar in den Dienst einsegnete, doch deren Expertise war oft nicht hilfreich, weil sie zu sehr auf amerikanische Verhältnisse ausgerichtet war. Wir aber waren ja eine deutsche Gemeinde mit einem völlig anderen Profil.

Andererseits machte das Fehlen dieser oft rigiden und eingefahrenen hierarchischen Strukturen der deutschen Kirchen das Leben in New York um einiges leichter. Wenn die Gemeinde etwas machen wollte, musste sie nicht erst auf dem Dienstweg um Genehmigung anfragen. „Über mir ist hier kein Dekan, Prälat oder Bischof – nur noch der liebe Gott", war deshalb mein Motto. Anfangs war es noch ungewohnt, aber je mehr Zeit verging, umso besser stellte ich mich darauf ein. Was der „Behörde" in „Good Old Germany" natürlich durchaus bewusst war und was ihr gar nicht gefiel. Sie hatte uns schon vor der Ausreise sogar eindringlich davor gewarnt, im Ausland zu „Päpsten" zu mutieren.

Zwar hatte die Kirchengemeinde ein fähiges Team von Kirchenräten, aber im hektischen New Yorker Alltag waren sie schwer zu erreichen. Nur ganz selten hatten wir Sitzungen, bei denen alle Mitglieder anwesend sein konnten. Oft waren sie in Kalifornien, Florida oder China und Kolumbien unterwegs. Im Laufe der Zeit wurde es üblich, bei Sitzungen Kirchenräte aus dem In- und Ausland per Telefon oder Skype zuzuschalten. Flexibilität war oberstes Gebot. Die Buchhaltung wurde „ins Internet verlegt", damit sie jederzeit und von überall her bearbeitet werden konnte.

Auch was die Flächenausdehnung angeht, war die Gemeindesituation völlig anders als in Deutschland. Die Grenzen der Gemeinde waren nicht definiert. Mit dem Wegzug von Mitgliedern erlosch zwar ihre Zugehörigkeit zur Gemeinde, aber manche hatten ihren Alterssitz in der Nähe und wünschten weiterhin Betreuung durch die St.-Pauls-Kirche. Und Nähe bedeutete alles zwischen 100 und 200 Kilometern. Besuche beanspruchten manchmal einen vollen Tag. Ein Mitglied wohnte sogar auf Martha's Vineyard, einer Insel vor Massachusetts. Ein Besuch dort war ohne Übernachtung nicht zu schaffen.

Eierlegende Wollmilchsau

So entwickelte ich mich als Pfarrer zwangsläufig zur sprichwörtlichen „eierlegenden Wollmilchsau". Besonders bei hausmeisterlichen Tätigkeiten war ich immer wieder plötzlich und unerwartet gefordert. Etwa wenn ich sonntagmorgens nach 40 Minuten Fahrt in der Kirche ankam und feststellen musste, dass die Heizung nicht funktionierte. Dann ging die hektische Suche los. Die Heizung hatte drei Notausschalter, die als Erstes überprüft werden mussten. Diese wurden ab und zu aus Versehen mit Lichtschaltern verwechselt (trotz großer Hinweisschilder). War der Wasserstand in Ordnung? Bei zu wenig Wasser schaltete sich die Anlage automatisch ab. Hatte jemand gar die Thermostaten ganz heruntergefahren, weil es ihm zu heiß war? Oder war die Sicherung herausgesprungen? Oder war mal wieder ein

Leck in einer alten Leitung? Oft half alles Suchen nicht und wir mussten in der kalten Kirche Gottesdienst feiern. Bei extremen Minustemperaturen gingen wir auch in den Gemeindesaal, der direkt unter dem Kirchenraum lag und leichter zu heizen war.

Computer, Telefone, Mikrofone, Fenster, Türen und Mauern forderten immer wieder neu den Forscher- und Entdeckungsdrang des Pfarrers. Eine Mauer im Abgang zum Keller war immer auffallend feucht. Der Putz bröckelte ab, bis das blanke Mauerwerk zum Vorschein kam. Niemand machte sich große Gedanken darüber. „Die Feuchtigkeit kommt von außen", hieß es dann lapidar. Ja, aber warum ausgerechnet nur an dieser einen besonderen Stelle? Also machte ich mich doch auf die Suche und entdeckte bald die Ursache. Die Klimaanlage einer Pizzeria auf der anderen Seite unseres Blocks leitete ihr Kondenswasser in einen Schacht direkt an unserer Kirche ab. Da war aber kein Abfluss. Deshalb staute sich das Wasser zentimeterhoch und die Feuchtigkeit drang ins Mauerwerk. Ein Besuch beim „Sup" (Superintendant – Hausverwalter) des Pizzeriagebäudes führte zur Abstellung des Übels.

Oft waren es die kleinen Dinge, die Mühe, Zeit und Energie auffraßen. Besonders das Internet. Wenn man dachte, New York sei eine Hightech-Stadt, dann war man schockiert über die Qualität des Internets.

Wenn es überhaupt funktionierte, dann nur sehr langsam. Oft setzte es ganz aus. Dann rief man wieder verzweifelt bei der Telekommunikationsfirma an, und wenn man Glück hatte, kam in der gleichen Woche noch jemand, um nach der Ursache zu forschen. Als Erstes ging immer die Suche nach der Leitung los. Die verschwand irgendwo im Nebengebäude. Jeder Techniker fand deshalb eine andere Leitung. Es mussten mindesten drei Leitungen sein, die in die Kirche führten.

Einige Wochen nach dem Hurrikane Sandy blieb das Internet komplett weg. Drei Versuche startete die Firma, die allesamt zu nichts führten. Unter der Hand sagte mir der Techniker, seine Firma hätte kleine Kunden zugunsten großer einfach abgeschaltet, weil der Sturm so viele Leitungen zerstört hatte. Wir behalfen uns zunächst mit drahtlosem Internet, um in der Zwischenzeit einen anderen Internetanbieter zu suchen. Den fanden wir schließlich und der versprach, in sechs Monaten einen Anschluss zu liefern. Wieder brauchte es fünf Technikerversuche, zig Telefonanrufe und endlose Genehmigungen. Nach elf Monaten klappte es – eigentlich gegen jegliche Erwartung – dann tatsächlich noch. Monatliche Kosten für eine Leitung: 175 Dollar!

Ein krasses Beispiel dafür, wie man in New York sein Zeit „totschlägt", zeigt die nächste Geschichte, die ich als Märchen erzähle, weil sie geradezu märchenhaft anmutet, obwohl sie wahr ist:

Das Märchen von der entführten Telefonnummer

Es war einmal eine Telefonnummer. Sie wohnte in einer schönen alten deutschen Kirche in Manhattan. Dort war sie schon sehr lange zu Hause. Ein schönes, aufregend, abwechslungsreiches Leben führte sie dort, denn sie musste Kontakte in die ganze Welt herstellen. Alles lief über sie und ohne sie lief fast gar nichts. Die schönen Verbindungen, wenn etwa Leute voller Aufregung ihre Hochzeit oder die Taufe eines Kindes anmeldeten, gingen genauso über sie wie die traurigen Verbindungen, wenn Verstorbene zur Beerdigung angemeldet wurden. Manche Verbindung stellte die Telefonnummer aber nur ungern her: wenn Menschen voller Wut und Zorn anriefen. Es gab viel Streit, den sie in der eigentlich friedlichen Kirche mit anhören musste. Was die Menschen so alles über andere sagen konnten – das verstand die Telefonnummer manchmal gar nicht.

Die Verbindungsarbeit machte ihr aber trotzdem viel Freude und Spaß. Denn sie wurde immer bekannter und ihr Freundeskreis wuchs von Jahr zu Jahr. Zugegeben, ein bisschen verstaubt war sie inzwischen geworden – manche Verbindung rauschte schon so gewaltig, dass man sein Gegenüber nur schwer verstand. Aber nichts deutete darauf hin, dass ihr Leben als Telefonnummer in New York gefährde sein könnte. Es hätte noch jahrelang so weiter gehen können – wenn, ja wenn nicht alles anders gekommen wäre.

Es begann mit einer Verjüngungskur. Der neue Pastor wollte der alten Telefonnummer ein neues Verbindungskleid verpassen. Sie sollte jetzt nicht mehr über eine uralte kupferne Telefonleitung Anschluss an die Welt finden, sondern über das ultramoderne, extrem schnelle und viel günstigere digitale Medium des Internets. Die Telefonnummer war schon ganz aufgeregt. Nach vielen Jahren gab es endlich mal was Neues. Aber auch Ängste krochen zwischen ihren Zahlen hoch: Würde sie in die neue digitale Welt überhaupt passen? Was würden die modernen digitalen Freunde über „die Neue" aus der Analogwelt denken? Würden sie sie gar auslachen?

Mehr mit Zittern als mit Freude hörte sie also zu, wie ihr Chef die Verbindung zu einer digitalen Telefoncompany herstellte und ihren Transfer beantragte. Nun sollte es also geschehen! Es gab kein Zurück mehr! Ganz bang wurde es der Nummer, als die neue digitale Internet-Telefoncompany eine schriftliche

Erklärung des Besitzers einforderte, dass er diese Nummer von der bisherigen analogen Firma in die Neue „portieren" wollte. Nur so war es möglich, die Telefonnummer ins digitale Zeitalter zu befördern. Der Besitzer unterschrieb also brav und faxte den Antrag an die neue Telefoncompany. Sogar ein ganz neues Telefon wurde jetzt angeschafft. Nur das Beste sollte die neue Telefonnummer im neuen Zeitalter begrüßen.

Von der neuen Telefoncompany gab es als Übergangslösung eine virtuelle Nummer, die aber nur als Platzhalterin für die alte Nummer dienen sollte. Alles wartete darauf, dass die alte Nummer endlich im neuen, glänzenden Zeitalter landete. Und tatsächlich, eines Tages war die Nummer von der analogen Welt verschwunden. Sie war nun tatsächlich abgeschaltet worden! Bald würde sie in der neuen modernen Welt aufwachen. Ein bisschen Erholungsurlaub nach so vielen Jahren ununterbrochener Arbeit war zu gönnen.

Als aber nach einer Woche die Nummer immer noch nicht in dem Land der unbegrenzten digitalen Möglichkeiten auftauchte, machte sich in der Kirche Unruhe breit: Es wird doch der Nummer nichts passiert sein? Anrufe bei der bisherigen Telefoncompany brachten zunächst immer nur die gleiche Antwort: „Wir haben auftragsgemäß abgeschaltet!" „Ja, aber die Nummer ist seitdem nicht wieder aufgetaucht", erwiderte der Besitzer der Nummer ganz besorgt. „Da können wir nicht helfen", war die Antwort, „wir sind nur für die Abschaltung zuständig."

Also bei der neuen Firma angerufen, die die heile digitale Welt versprochen hatte: „Bei uns ist nichts angekommen! Wir warten schon seit Langem, dass die Nummer bei uns landet!" Was, wie, wo – eine Nummer kann doch nicht einfach verschwinden? Stundenlanges Suchen, erst durch die Sekretärin der Kirche, dann durch den Pfarrer, brachte endlich etwas Licht in den verschlungenen Weg von der analogen in die digitale Welt: Die Telefonnummer war entführt worden! Und ihr Entführer verlangte jetzt für ihre Freilassung 106,95 Dollar!

Es gibt in dem verschlungenen Dschungel der Telefongesellschaften der USA tatsächlich legale Räuber, die dort ihr Unwesen treiben. Sobald diese auf Telefonnummernklau spezialisierten Firmen merken, dass eine Telefonnummer frei wird, dürfen sie blitzschnell zuschnappen und diese Nummer ganz legal entführen. Der Besitzer kann dann gar nichts machen. Er muss für die Freilassung seiner entführten Nummer bezahlen, sonst landet sie in den dunkelsten Verließen der Company. Dort lässt man sie entweder verrotten oder man verkauft sie mit vielen anderen Nummern zusammengefesselt an einen Meistbietenden.

Das wollte die Kirche ihrer lieben – und von allen so geschätzten – Nummer nicht antun. Sie erkundigte sich nach legalen Möglichkeiten, die Nummer wieder freizubekommen, ohne mit den Entführern verhandeln zu müssen. Schließlich lebte man ja im Land der Freiheit und Demokratie! Da sollte es doch einer Telefonnummer erlaubt sein, in Freiheit von einem Ort zum anderen umzuziehen. Nach vielen Stunden der Suche fand sich tatsächlich so etwas wie eine Schiedsstelle, die Reklamationen von Kunden annimmt, die meinen, ihrer Telefonnummer sei Unrecht zugestoßen.

Viele Mitglieder der Kirche schüttelten inzwischen den Kopf: „Wie kann euch so etwas passieren?" „In 50 Jahren USA habe ich so etwas noch nie erlebt", waren noch die gemäßigten Reaktionen. Aber was half es? Ob man es nun glaubte oder nicht, ob man es sich vorstellen konnte oder nicht, die Telefonnummer war weg – entführt und in irgendwelchen unzugänglichen Katakomben der allmächtigen Telefongesellschaften eingekerkert.

Derweil überlegte der Pastor der Kirche zusammen mit seiner Sekretärin, wie eine Rettungsaktion aussehen könnte. Der Beschwerdebrief an die Schiedsstelle war schon lange abgeschickt worden – ohne Ergebnis. Das Hauptproblem war, herauszufinden, wo denn genau die Telefonnummer gefangen gehalten wurde. Beim verwirrenden Geflecht der Telefonfirmen war das gar nicht so einfach. Nur so viel war klar: Vier Firmen waren beteiligt. Also legten der Pastor und seine Sekretärin sich eine neue Strategie zurecht: die Hartnäckigkeit! Sie würden über eine bestimmte Zeit hinweg jeden Tag einen Anruf und/oder eine E-Mail starten, bis sie die Firmen weichgeklopft hatten. Mal sehen, wer den längeren Atem hatte.

Lange tat sich nichts – dann plötzlich, eines Tages, kam von einer der vier Firmen eine ganz unschuldige E-Mail, die ganz bescheiden fragte, ob der Pastor die verschwundene Telefonnummer auf eine unserer anderen Nummern umleiten wolle? Wie bitte? Was fragen die? Ob er das wollte? Hatten seine Sekretärin und er das nicht in zig Anrufen und E-Mails zum Ausdruck gebracht? Gab es da noch irgendwelche Unklarheiten? Hatten sie sich eventuell nicht klar ausgedrückt? „Ja, sicher, doch, auf jeden Fall, endlich, macht schnell, bitte, bitte ..." so lautete die Antwort. Die halbe Rettung war schon gelungen. Wer also jetzt die alte Telefonnummer wählte, landete immerhin schon mal in der Kirche, wenn auch auf einer anderen Nummer. Aber das war dem Pastor zunächst egal, Hauptsache man kam mit der Nummer durch, denn viele, die sie gewählt hatten, waren ständig im Nirwana gelandet.

Aber würde es den beiden gelingen, die Telefonnummer ganz zu retten? Über Monate hinweg tat sich dann wieder nichts mehr. Gelegentliche Anrufe seitens der Sekretärin brachten nichts. Doch dann hatten die Firmen wohl ein Einsehen. Die Telefonnummer war plötzlich wieder ganz in der Kirche zu Hause – das gab ein kleines Fest! Und wenn diese Telefonnummer nicht wieder in die Fänge einer Telekommunikationsfirma geraten ist, dann kann man sie bis heute wählen.

Hochzeiten mit Probe

Nirgendwo ist der Geist Amerikas so hautnah zu erleben wie bei Hochzeitsfeiern. Da wird eine derart perfekte Show inszeniert, wie ich sie in 20 Jahren Dienst in Deutschland nicht erlebt habe: Für die Hochzeit seiner Tochter hat ein Fabrikant kurzum den „Rainbow Room" im obersten Stockwerk des Rockefeller Centers gemietet. Geschätzte Kosten: 100.000 Dollar. Ein anderes Paar mietete die öffentliche Bibliothek Manhattans. Zur Dekoration in der

Weihnachtszeit ließen sie dort 140 beleuchtete Weihnachtsbäume aufstellen. Eine Statistik aus dem Jahr 2014 zeigt, dass die Durchschnittskosten einer Hochzeit in New York bei 60.000 Dollar liegen – fast doppelt so hoch wie im Landesdurchschnitt.

Üblicherweise verhandelt der Pastor die Details der Hochzeit nicht mit dem Brautpaar sondern mit dem „Wedding-Organizer" – das ist eine bezahlte Person, die alles für das Brautpaar regelt. Oft sieht der Pastor das Brautpaar das erste Mal, wenn es zur Hochzeitsprobe kommt. Ja – die Hochzeiten werden geprobt! Da kommen Eltern, Schwiegereltern, die Trauzeugen und natürlich Pfarrer und Organistin, um die ganze Hochzeit in der richtigen Abfolge zu proben. Der einzelne Einzug der Brautjungfern und der Trauzeugen, der langsame Gang der Braut an der Hand ihres Vaters durch den Mittelgang bis zum Segen muss dann genau „getimed" (in die korrekte zeitliche Abfolge gebracht werden) und geprobt werden. „The show must go on" (Die Show muss weitergehen).

Überraschend klein ist dagegen die Zahl der Kirchenbesucher bei Hochzeiten. Kaum mehr als 25 bis 30 Personen verlieren sich im Gotteshaus. In New York gibt es eben keine Gemeinde um die Kirche herum, die, wie in Deutschland auf dem Dorf üblich, zu den meisten Hochzeiten auftaucht. Ein weiteres Indiz für die Anonymität in der Großstadt.

Dafür ist jeder Pfarrer auch gleichzeitig Standesbeamter. Zu Beginn meiner Dienstzeit musste ich meine Ordinationsurkunde in der „City Hall" (Rathaus) vorzeigen und erhielt die Lizenz, im Namen des Staates New York Trauungen zu halten. Das führt zu kuriosen Anfragen. Ein deutsches Paar klingelte unangemeldet an der Kirche und fragte verzweifelt, ob ich es trauen könnte. Sie kamen gerade von der City Hall, waren aber vom dortigen Hochzeitsfließbandbetrieb abgestoßen worden. Alle 15 Minuten ging ein Paar hinein und sieben Paare warteten schon vor ihnen. Also bestellten wir schnell die Pfarramtssekretärin und den Küster als Trauzeugen und trauten das verzweifelte Pärchen – lediglich zivil, nicht kirchlich.

Beerdigungen

Eine ganz neue Erfahrung waren Beerdigungen in New York. In Manhattan waren die letzten Verstorbenen im Jahre 1847 bestattet worden. Danach durfte wegen Platzmangels nur noch außerhalb Manhattans beerdigt werden. Als es noch keine Brücken über den East River gab, mussten alle Verstorbenen samt Angehörigen mit der Fähre nach Queens, Brooklyn oder Bronx transportiert werden. Heute macht man das mit dem Auto. Was nicht weniger abenteuerlich ist.

Bei einer Beerdigung, die mit einer Trauerfeier in der Kirche begann, vereinbarte ich mit dem Leiter des Beerdigungsinstituts, dass ich nicht in der Kolonne mitfahren, sondern alleine vorfahren würde. Zum Glück hatte ich mir noch die genaue Adresse des Friedhofs geben lassen. Es gibt nämlich unzählige Friedhöfe in New York. Ich wäre automatisch zum Lutherischen Friedhof gefahren, den ich von einer vorherigen Bestattung kannte. Diese Bestattung war jedoch auf einem ganz anderen Friedhof.

Dort angekommen, wartete ich auf die Kolonne. Es verging eine halbe Stunde, eine Stunde, eineinhalb Stunden. So langsam kamen Zweifel auf, ob ich auf dem richtigen Friedhof war. Nach ca. zwei Stunden tauchte die Kolonne aber doch noch auf und wir fuhren gemeinsam zum Grab. Von den Hollywoodfilmen her kennt man sie: die langen Kolonnen schwarzer Limousinen, die sich langsam in Richtung Grabstelle bewegen. Das ist auch in New York so. Dann gingen alle schnell von den Autos zum Grab. Abschiedsworte wurden gesprochen. Der Sarg wurde aber nicht in Anwesenheit der Angehörigen versenkt. Das gilt in den USA als pietätlos. So gingen alle wieder zu ihren Autos und ab ins Restaurant, was noch einmal 45 Minuten Fahrt dauerte. Dort erfuhr ich dann den Grund für die Verspätung der Kolonne: Jemand musste noch schnell im Supermarkt einkaufen!

Die Bestattungsfeiern finden jedoch nur noch selten von der Kirche aus statt. Meistens trifft man sich in einem sogenannten „Funeral Home" (Bestattungsheim). Dort haben die Verwandten am offenen Sarg zunächst etliche Stunden für sich alleine. Am Ende dieses sogenannten „Wake" (Totenwache) kommen Freunde, Kollegen und Nachbarn, um sich zu verabschieden. Zum Abschluss des Tages stößt auch der Pastor dazu und hält eine kurze Trauerfeier. Je nach Wunsch werden zur Einäscherung oder Urnenbeisetzung die Dienste des Pfarrers noch einmal angefragt. So kann es sein, dass für eine Bestattung drei Termine zusammenkommen, die inklusive Fahrtzeit jeweils 6 Stunden Zeit beanspruchen – also insgesamt 18 Stunden! In Deutschland hatte ich für Beerdigungsfeiern kaum einmal mehr als eine Stunde eingeplant.

Wir fahr'n, fahr'n, fahr'n

In der Stellenausschreibung zur Pfarrstelle in New York stand, dass der Bewerber keine Scheu vor langen Autofahrten haben darf. Und tatsächlich verbringt man in den USA viel mehr Zeit im Auto. Nicht erwähnt wurde aber, dass Autofahren in New York in jeder Hinsicht den Besuch auf dem Rummelplatz erspart. Es ist aufregend, abwechslungsreich und man weiß nie, was als Nächstes passiert. Abenteuer pur! Kein Wunder also, dass Fahranfängern das Fahren in Manhattan erst ab 21 Jahren erlaubt ist. Es erfordert die volle Aufmerksamkeit und eine ganze Menge Erfahrung.

Man darf vor allem keine Allergie gegen die Farbe Gelb haben, denn die Taxis sind omnipräsent: Sie huschen von links und rechts, von hinten und manchmal auch in der Einbahnstraße von vorne vorbei. Sie halten unerwartet, auch mitten im Verkehr, um Fahrgäste aufzunehmen oder aussteigen zu lassen. Sie biegen abrupt und ohne zu blinken von ganz rechts nach ganz links ab und auch sonst scheinen sie sich wenig um die anderen Verkehrsteilnehmer zu kümmern. Andererseits braucht man diese gelben Biester selber von Zeit zu Zeit. Man wartet fast nie länger als eine Minute, bis eines von ihnen anhält. Und dann geht das Abenteuer los.

Die meisten Fahrer sind inzwischen Asiaten: Pakistani, Bangladeschi, Inder. Interessant sind immer die Gespräche mit ihnen: „Ich fahre so lange, bis ich an einem Tag 250 Dollar eingenommen habe." Ein Türke, der uns nach dem Heiligabend-Gottesdienst von der Kirche zum JFK-Flughafen fuhr und mitbekam, dass ich Pastor bin, verwickelte mich während der ganzen Fahrt in Gespräche über den Unterschied zwischen Islam und Christentum. Die „echten" New

Yorker Taxifahrer reden eigentlich am wenigsten. Aber die sind nur noch selten anzutreffen.

Wenn es ging, sind wir in Manhattan gelaufen. Das ist ohnehin interessanter und manchmal auch schneller. Denn Verkehrsstaus prägen das Straßenbild. Für die Strecke zwischen Kirche und dem Ende Manhattans, insgesamt 15 km, lag mein Rekordstau bei über 90 Minuten! Bis zu Hause waren es dann zwei Stunden. Man kann bei leerer Strecke durchaus mit 100 km/h dahinbrausen. Dann schafft man die Entfernung zwischen Kirche und Pfarrhaus in 35 Minuten. Aber das ist eher die Ausnahme.

Abgesehen von den wilden Taxifahrern hat man in New York nur vor einer Spezies Verkehrsteilnehmer noch mehr Respekt: den wilden Pizzalieferanten auf ihren Fahrrädern. Sie kreuzen, wo sie Lust haben, haben es immer eilig und fahren konstant gegen die Verkehrsrichtung. Vor allem in der Dämmerung sind sie kaum auszumachen: Sie tauchen aus dem Nichts auf und verschwinden genauso schnell wieder, weil sie in der Regel keine Beleuchtung haben.

Aber natürlich leben auch Fußgänger in „The land of the free" (im Land der Freien): Ein New Yorker hält prinzipiell nie bei roter Fußgängerampel, sondern erst dann, wenn akute Lebensgefahr besteht. Wir müssen allerdings zugeben, dass wir uns diese Unart selber schnell angewöhnt haben. Wir hielten nie bei einer roten Fußgängerampel. Wenn wir in Deutschland waren, mussten wir uns regelrecht zwingen, bei Rot nicht über die Straße zu laufen.

Immerhin versucht New York inzwischen mehr Menschen auf das Fahrrad zu locken und tut auch Einiges dafür. In den letzten Jahren sind auf etlichen Avenues nahe der Kirche Radfahrspuren angelegt worden. Sie bedeuten allerdings noch lange keine freie Fahrt, weil am Ende und Anfang jedes Häuserblocks die abbiegenden Autos den Radfahrern in die Quere kommen. Auch die Müllabfuhr hat diese Spuren längst für sich entdeckt – und die kommt fast jeden Tag. Auf einer eigens eingerichteten Webseite können sich Radfahrer wertvolle Tipps und Informationen holen. Im Süden Manhattans wurde sogar ein weitverzweigtes Radverleihnetz aufgebaut, das sich zunehmender Beliebtheit erfreut.

Natürlich bleibt Radfahren in New York ein gefährliches Abenteuer, das nur den Hartgesottenen empfohlen werden kann. Umso bewundernswerter war eine Familie, die vom Osten Manhattans (nahe der UNO) jeden Sonntag mit ihren beiden Kindern zur Kirche radelte. Aber sonntagmorgens geht so etwas. Da ist selbst in New York der Autoverkehr endlich mal ruhiger!

Ankunft ungewiss

Jeden Sonntag war es erneut eine Überraschung, wer es in den Gottesdienst geschafft hatte – und wer nicht. Denn nicht jeder, der zum Gottesdienst wollte, war auch erfolgreich. Im Laufe der Zeit konnte man erkennen, wer wieder einmal Opfer der New Yorker „Subway" (U-Bahn) geworden war: Wer mit hochrotem Gesicht und gesenktem Haupt mitten in der Predigt den Kirchenraum betrat, hatte mit dem Wochenendbetrieb der U-Bahn zu kämpfen gehabt. Denn die Wochenenden benutzten die Schienenbetreiber regelmäßig dazu, dringende Reparatur- und Wartungsarbeiten durchzuführen. Entweder fuhr dann der Zug gar nicht oder hielt nicht an der vorgesehenen Stelle. Oder er stand eine halbe Stunde irgendwo im dunklen Untergrund und bewegte sich nicht.

Ein paar Mal hat es auch mich als Pfarrer mit dem Auto erwischt. Das erste Mal war der West Side Highway (eine Autobahn direkt am malerischen Hudson entlang) einfach gesperrt. Dort fand ein Radrennen statt. Natürlich für einen guten Zweck. Fundraising für MS-Kranke. Das war ja sehr löblich und schön. Aber für mich bedeutete es, 45 Minuten zu spät zur Kirche zu kommen. Dort wartete eine kleine Gemeinde samt Organistin geduldig auf mich. Sie hatten mit viel Singen und Musik die Zeit überbrückt.

Andere Gottesdienstbesucher waren vom Radrennen genauso überrascht worden und nach einer Stunde oder mehr einfach wieder umgekehrt, weil keine Aussicht bestand, die Kirche rechtzeitig zu erreichen. Andere Behinderungen in New York waren wetterbedingt. Es konnte derartig regnen, dass alle Hauptverkehrsstraßen überflutet und deshalb gesperrt waren. Einmal, als wir bei einem „Blizzard" (Schneesturm) zur Kirche fuhren, mussten wir anhalten und aussteigen, um den Straßenverlauf zu suchen. Er war aus dem Auto heraus nicht mehr auszumachen. Schneeverwehungen hatten dazu geführt, dass ein „White Out" (alles nur noch weiß) herrschte.

Ein einziges Mal musste der Gottesdienst komplett abgesagt werden: am Sonntag nach dem Hurrikane Sandy. Da war die Kirche immer noch ohne Strom, Heizung und Licht. Ansonsten versuchten wir bei jedem Unwetter zur Kirche zu gelangen.

Aber nicht nur Gottesdienstbesucher waren von den Widrigkeiten betroffen. Auch unseren Sohn hat es ausgerechnet beim Abiball erwischt. Einige seines Jahrgangs hatten für die Fahrt von der Schule zum Konsulat, in dem die Feier stattfand, eine Stretch-Limousine gebucht. An diesem Tag aber goss es wie aus Kübeln und die Limousine kam deshalb nicht zur Schule. So blieb ihnen nichts anderes übrig, als mit dem Zug in die Stadt zu fahren, wo die Feier erst mit zwei Stunden Verspätung beginnen konnte.

Diebe in der Kirche

Kirche mitten im Großstadtdschungel New Yorks zu sein hatte zur Folge, dass allerlei Menschen zu uns fanden. Auch solche, die keine guten Absichten hegten. Immer wenn das große Hauptportal der Kirche geöffnet war, stieg die Gefahr, dass Langfinger in die Kirche eindrangen, um zu erkunden, ob es etwas gab, was man schnell in Geld für Drogen oder Alkohol umsetzen konnte.

Relativ harmlos war das Verschwinden eines Funkmikrofons nach einer Hochzeit. Das passierte manchmal sogar unabsichtlich den Gastpastoren, die das Mikrofon einfach mit nach Hause nahmen. Dann tauchte es ein paar Tage später wieder auf. Aber dieses Mal blieb es verschwunden. Also hatte es wohl jemand mitgehen lassen. Genauso wie eine nagelneue drahtlose Telefonanlage. Die war während eines Flohmarkts plötzlich aus dem Büro verschwunden. Wobei wir noch überlegten, wie der Dieb das wohl angestellt hatte, denn die Anlage war nicht gerade klein. Unter einen Mantel hatte sie nicht gepasst.

Natürlich wurde der Küster angewiesen, bei geöffnetem Portal seine Augen ganz besonders auf die Ein- und Austretenden zu werfen, aber er konnte das ja nicht die ganze Zeit tun. So konnte er auch den schlimmsten Diebstahl unserer Zeit nicht verhindern. Jemand war sonntags vor dem Gottesdienst in die Kirche gekommen und hatte zunächst sogar nach dem Pastor gefragt. Der Küster antwortete, dass er vielleicht im Büro sei. Dort ging der Besucher hinein, außer ihm war aber niemand da. Also nahm er, was dort herumlag: den Schlüsselbund des Pastors mit allen Schlüsseln, den Laptop des Küsters und diverse Kleinigkeiten. Zum Glück nahm er meine Umhängetasche nicht mit, denn darin war mein Geldbeutel mit sämtlichen Kreditkarten, Ausweisen, Führerschein usw. Vor allem hätte er dann gewusst, wo wir wohnten. So bestand wenigstens nicht die Gefahr, dass er eines Tages unerwartet in unserem Haus stehen würde.

Ein Problem waren jedoch die verschwundenen Schlüssel. Das Erste, was ich nach der Feststellung des Diebstahls untersuchte, war, ob das Auto noch da war. Denn der Dieb hätte es während des Gottesdienstes jederzeit entwenden können. Gott sei Dank stand es noch vor der Kirche. Trotzdem fehlten jetzt die Autoschlüssel. Und ausgerechnet an diesem Nachmittag hatte ich in New Jersey einen deutschen Gottesdienst, der regelmäßig in der Weihnachtszeit dort stattfand. Beim Suchen in meiner Tasche fand ich glücklicherweise einen einzelnen mechanischen Schlüssel, den ich dort für Notfälle deponiert hatte. So war unsere Weiterfahrt an diesem Tag wenigstens gerettet.

Manchmal versuchten es die Langfinger auf ganz raffinierte Weise. Wiederum vor dem Gottesdienst kam ein wildfremder Mann in die Kirche und bat darum, den Pastor zu sprechen. Er bot mir geradewegs 750.000 Dollar an. Verdutzt fragte ich, warum er das tat, denn er sah gar nicht danach aus, so viel Geld verteilen zu können. Dann erklärte er mir, er habe ein großes Herz für Kirchen und suche gerade diejenigen heraus, die nach seiner Ansicht eine Spende am meisten verdienten. Ich verstand die versteckte Botschaft und ließ ihn nicht mehr aus den Augen, bis er aus der Kirche verschwunden war.

Aufgrund solcher und anderer Vorfälle statteten wir die Kirche mit Überwachungskameras aus. Eine vor dem Türeingang, damit die Sekretärin, die während der Woche oft alleine in der Kirche war, vor dem Öffnen sehen konnte, wer da stand. Und eine im Gemeindesaal, um eventuellen Langfingern auf die Spur zu kommen.

Anfragen, Anfragen, Anfragen

Wie sehr New York die Menschen anzieht, konnte man den vielen Anfragen entnehmen, die uns erreichten. Hauptsächlich waren es Quartiersuchende, die hofften, über die Kirche günstige Übernachtungsmöglichkeiten zu finden. Aber auch sonstige Anliegen wurden vorgebracht. Hier eine kleine, selbstverständlich anonymisierte, unkorrigierte Auswahl:

Hallo Ihr!

Habe ein kleines „Problem": Ich brauche dringend die „Holiday CD", die es bei SAKS in der 5th gibt! Ich war letzte Woche dort, aber ich wusste nicht, dass es diese CD gibt (auf der auch der Song enthalten ist, der immer lauft, wenn die Sternen-Show am Gebäude bei Saks in der Fifth Ave läuft). Wollte gerade über den Onlineshop bestellen, aber die liefern nicht nach Deutschland!

Es ist diese hier: Saks Fifth Avenue, Holiday CD, EXCLUSIVELY OURS. 12 songs in all. $18.0. Es ist wirklich blöd, es ist „nur" eine CD, aber ich weiß, dass ich damit jemandem eine riesen Freude zu Weihnachten machen kann!

Wenn Sie vielleicht dieser Tage mal dort wären: Könnten Sie diese CD dann kaufen und mir schicken (Express oder so!). Würde natürlich sämtliche Unkosten erstatten und mich erkenntlich zeigen! Sorry, aber ich versuchs halt einfach mal ...

*Liebe Grüße in die beste „Stadt" der Welt und schöne Vor-
weihnachten!*

liebe Familie Wassermann,

*N. N. und N. N. heiraten im August dieses Jahres. Wir
bereiten zurzeit einen Programmbeitrag für die Hochzeit
vor. Es soll ein Foto-/Videobeitrag über das Leben der beiden werden ...*

*Dank der modernen Technik scheuen wir uns nicht, Sie um
Folgendes zu bitten (es steht Ihnen allerdings offen, sich an
dieser Aktion zu beteiligen).*

*Wir haben uns vorgestellt, dass Sie ... einen kurzen Gruß
oder Glückwunsch an die beiden richten. Super wäre es,
wenn Sie die Aufnahme vor einem typischen „New Yorke-
rischen Wahrzeichen" aufnehmen könnten. Es wäre doch
eine große Überraschung für das Brautpaar, wenn Grüße
aus „Übersee" an sie übermittelt würden.*

*Da die Zeit relativ knapp ist, bitten wir Sie, möglichst
schnell Rückmeldung an uns zu geben.*

Hallo Herr Pfarrer,

*unsere Tochter möchte sich gerne bei einem Zwischenstopp
NY ansehen, aber ihr Freund und auch ich haben etwas
Sorge, dass ihr was geschehen könnte.*

Daher meine Bitte, ob jemand aus Ihrer Gemeinde sie am 8.4. (ja ich weiß ... Ostersonntag...) am JFK treffen kann, ihr die Sehenswürdigkeiten NY's zeigt und sie wieder sicher zum Flughafen bringt.

Ihr Flugzeug landet um 7.17 Uhr, sie muss die Koffer in Empfang nehmen und neu aufgeben, denke, es wird sicher eine Stunde später, bis sie damit fertig ist. Der Anschlussflug geht um 19.30 Uhr, ca. 2 Stunden vorher sollte sie wieder am Flugplatz sein.

Ich würde mich sehr freuen, wenn Sie dies irgendwie möglich machen könnten, und freue mich auf Ihre baldige Antwort.

Mit freundlichem Gruß ... God bless you :-)

Hallo und einen lieben Gruß aus Deutschland,

weil ich die Hoffnung habe, dass diese Mail nicht gleich in den Papierkorb fliegt, habe ich den Mut, diese Bitte an Sie zu schreiben.

Mein Name ist N. N., ich bin 41 Jahre alt und seit fast 13 Jahren mit meiner lieben Frau N. verheiratet. Zu unserer Familie gehören noch 2 Jungs.

Wir sind im Gebiet der ehemaligen DDR aufgewachsen. Heute ist es das Bundesland Sachsen und ganz genau gesagt wohnen wir in Niederschlesien.

Eines meiner großen Hobbies ist das Schreiben von Mails, das ist auch der Grund meiner Bitte.

Früher waren es Briefe, heute sind es E-Mails. Leider ist das Schreiben heutzutage nicht mehr so verbreitet, aber vielleicht gibt es ja in ihrer Gemeinde liebe Menschen, die das gerne tun. Die Freude daran haben, andere Menschen kennenzulernen und die sich über diesen Weg gerne über Familie, Kinder, Glauben Gemeinde, Alltag usw. mit anderen austauschen.

Ich würde mich sehr, sehr über eine positive Antwort freuen.

Wir wünschen eine ruhige und besinnliche Adventszeit.

Herzlichen Dank und liebe Grüße aus Schlesien

Guten Tag, liebe Bruder und Swester

Ich bin N. 48 Jahre alt, Ich wohne mit meinem Ehemann und Familie in Deutschland. Wir sind als Kontingentflüchtlinge in 1992 aus Russland nach Deutschland gekommen. Aber jetzt haben wir deutsche Staatsangehörigkeit.

Großtes Wunsch meine Familie ist nach USA auswandern. Aber wir wissen nicht welches Weg wird für uns leichter.

Mein Sohn (26 Jahre) spricht private englisch, Wir alle sprechen deutsch und russisch.

Vileicht kann jemand uns weiter helfen? Wir betten und hofen.

Mit Liebe und herzlichen Dank N. und Familie.

Gott segnet euch

Sehr geehrter Pastor,

ich denke, dass ist die ungewöhnlichste Hilfsanfrage, die ihre Gemeinde in New York jemals bekommen hat ...

Es ist acht Jahre her, dass ich einen inzwischen 40 Jahre alten Mercedes komplett mit Gummibären beklebt habe ... Das Projekt hat zwei Seiten, die mir sehr am Herzen liegen. Neben der Vollendung der Mercedes-Trilogie liegt mir besonders am Herzen, auf das Schicksal von Kindersoldaten aufmerksam zu machen ... Die komplette Reise finanziere ich selbst ...

Allerdings bin ich bei einem Projekt dieser Größenordnung weiter auf universale Hilfe angewiesen. Fünf Wochen in New York, eine Unterkunft oder die Unterstellung des Autos zu finanzieren ist für mich eine riesige Herausforderung. Aber für meinen Gott dafür nicht! (:

Herzliche Grüße von N. N.

Das Wunder von New York

Die Erlebnisse als Pfarrer in New York wären nicht komplett ohne folgende Geschichte: Während eines Gottesdienstes fiel mir ein Ehepaar auf, das vorher noch nie in der Kirche gewesen war. Während der Predigt konnte ich aus der Ferne beobachten, wie die

Frau sich immer wieder mit dem Taschentuch über die Augen wischte. Weinte sie etwa? War denn meine Predigt so schlecht?, war einer meiner Gedanken, den ich aber wieder verwarf, denn ich sah bald, dass sie gar nicht wirklich zuhörten. Beim Verabschieden nach dem Gottesdienst fielen mir dann ihre stark geröteten Augen auf. Aber bevor ich nach dem Grund fragen konnte, erkundigte sich ihr Ehemann, ob sie kurz mit mir sprechen könnten. Wir vereinbarten einen Zeitpunkt im Büro und dann erzählten sie mir von ihrem großen Leid.

Die Ehefrau war mit dem ersten Kind schwanger. So weit sei alles in Ordnung gewesen, aber jetzt hätten die Ärzte festgestellt, dass ihr heranwachsender Embryo eine lebensgefährliche Fehlentwicklung hatte, die noch in Mutterleib operiert werden musste. Sie baten mich, zu beten, denn sie selber hatten keine große Erfahrung darin. Das tat ich sehr gerne und befahl die Mutter und das Kind in Gottes Hand. Gemeinsam baten wir um Gottes Hilfe, der verheißen hat: „Ich bin der Herr, dein Arzt." Beim Verabschieden sagte der Ehemann, er wäre in Deutschland aus der Kirche ausgetreten. Wenn Gott seinem Kind nun tatsächlich helfen würde, wäre sein erster Schritt wieder zurück in die Kirche.

Lange hörte ich nichts mehr. Etliche Monate später war der Tag der deutschen Einheit. Da gab es jedes

Mal einen großen Empfang des deutschen Konsulats und der deutschen Botschaft an der UN mit Hunderten von Leuten im Bootshaus des Central Park. Als ich in einer Gruppe beim Small Talk stand, klopfte mir plötzlich jemand auf die Schulter. Ich drehte mich um und sah in das Gesicht eines freudig strahlenden Mannes. Ich erkannte ihn aber nicht. „Erinnern Sie sich an mich?", fragte er. Leider habe ich kein ausgeprägtes Gedächtnis für Gesichter und konterte deshalb mit meiner Standardantwort: „Helfen Sie mir doch bitte, ich kann mich gerade nicht erinnern." Es war der Ehemann, der damals mit seiner Frau um Gottes Hilfe gebeten hatte.

Und dann erzählte er im lauten Getümmel des Stehempfangs, dass ihr Kind völlig gesund zur Welt gekommen war. Ich hatte Schwierigkeiten, alles zu verstehen, denn die Musik und die Hintergrundgeräusche waren sehr laut. Aber so viel bekam ich mit, dass schon bei den nächsten Untersuchungen des Kindes im Mutterbauch von der Fehlentwicklung kaum noch etwas zu sehen gewesen war und nach der Geburt war sie ganz verschwunden. Das Mädchen würde sich gut und gesund entwickeln. Bevor ich aber fragen konnte, was aus seinem Versprechen geworden sei, wieder in die Kirche einzutreten, wurde er bereits von den vorbeiströmenden Menschenmassen mitgerissen. Typisch New York, dachte ich. Gott hilft sicht- und spürbar, aber die Leute werden fortgerissen von den Ereignissen rund um sie herum.

Alltagsgeschichten einer Pfarrfrau in New York

(Barbara Wassermann)

Im Frauenverein

Die traditionsreichste Gruppe der St.-Pauls-Kirche ist der Frauenverein. Zu seiner Blütezeit bestand er aus bis zu 150 Damen. Sie trafen sich in der Regel einmal im Monat vormittags zu verschiedenen Aktivitäten, die alle dem „Fundraising" (Spendensammeln) für die Gemeinde dienten. Eine tolle Sache, damit hat der Frauenverein sehr zum Erhalt der Gemeinde beigetragen. Heute leidet er unter Nachwuchsproblemen, da inzwischen die meisten Frauen berufstätig sind.

So kamen nur noch ungefähr zehn ältere Damen zusammen, ich war mit einigem Abstand die jüngste. Vor der ersten Sitzung im Januar, die gleichzeitig auch meine erste Begegnung mit dem Frauenverein war, bat mich die Vorsitzende, ihren Platz zu übernehmen. Zum Jahresbeginn wurde stets neu gewählt: die Vorsitzende und ihre Stellvertreterin, eine Protokollführerin, die Schatzmeisterin und die Sekretärin. Damit blieben noch fünf Damen ohne Amt übrig.

Ich war sehr gespannt auf die erste Sitzung. Die Sache mit dem Vorsitz konnte ich gerade noch umschiffen. Gegen elf Uhr eröffnete die noch amtierende Vorsitzende die Sitzung. Der Pastor hielt zu Beginn eine kurze Andacht. Anschließend wurde das Protokoll der letzten Versammlung verlesen. Dadurch erlebte man die Versammlung ein zweites Mal, da das Protokoll fast wortwörtlich die letzte Sitzung wiedergab. Ab und an fuhr die Vorsitzende dazwischen, um gewisse Formulierungen zu ändern.

Dann kamen die Finanzen dran: genauestens, bis auf den letzten Cent, wurde vorgelesen, wie viel Geld auf den verschiedenen Sparbüchern angelegt war. Im Anschluss wurde noch ein bisschen über weitere Möglichkeiten des „Fundraising" diskutiert, zum Beispiel über das Frühlingsfest, den Flohmarkt oder den Weihnachtsverkauf. Damit war der offizielle Teil beendet.

Jetzt ging es endlich zum von allen sehnsüchtig erwartenden gemütlichen Teil über, dem gemeinsamen „Lunch" (Mittagessen). Um 13 Uhr war alles zu Ende und jede zog ihrer Wege.

Ich habe dort sehr liebe Damen kennengelernt, die sich wirklich für die Gemeinde aufgeopferten. Eine von ihnen bastelte mit Hingabe zu jedem Anlass Grußkarten: Valentinstag, Muttertag, Weihnachten usw. Das ganze Material dazu finanzierte sie selber und spendete es, obwohl sie sehr wenig Rente bekam und ein schweres Leben hatte. Sie war im Archiv der New Yorker Polizei tätig und erzählte jedem stolz, dass sie die Leiche John Lennons in der Pathologie gesehen hätte.

Leider starben einige der Damen während unserer Zeit, sodass am Schluss nur noch fünf übrig blieben. Da beschloss die Vorsitzende, nun auch Männer zuzulassen. Damit steigerte sich die Mitgliederzahl immerhin auf acht. Aber bis zuletzt sammelte dieser Verein unermüdlich Spenden. Auch der Vorsitzenden war nichts zu viel: Sie führte unzählige Telefonate, organisierte viele Frühlingsfeste und trug bei allen Veranstaltungen immer die Hauptlast der Essensvorbereitung und des Kochens.

Haarige Situation

Am Anfang unserer New Yorker Zeit wurden noch alle Gemeindebriefe mit der Post verschickt. Das war ein ganz schöner Aufwand: ausdrucken, falten, eintüten, Briefmarken drauf usw. Gott sei Dank hatten wir immer liebe Helfer. Mein „husband" fuhr die ganze Ladung von über 400 Gemeindebriefen gemeinsam mit der Pfarramtssekretärin zur Post. Einmal war er verhindert und deshalb fiel mir die Aufgabe des Postdienstes zu. In dieser chaotischen Stadt fuhr ich aber sehr ungern mit dem Auto. Ich wusste, dass man bei der Post nicht einfach vorfahren, parken und abliefern konnte, da es kaum Parkplätze gab. Aber was tut man nicht alles für seinen lieben Mann?

Prompt musste ich im Halteverbot stehen, während die Sekretärin in die Post ging. Oh wei, das würde länger dauern, denn nicht nur die Deutsche Post ist für ihre Schnelligkeit bekannt. Also saß ich im Auto und wartete, es war in einer Seitenstraße mit wenig Verkehr. Kaum zu glauben, aber auch das gibt es in Manhattan.

Da es bereits dämmerte, war mir nicht so ganz wohl in dieser recht einsamen Ecke. Plötzlich sah ich im Rückspiegel einen „African American" auftauchen. Er hielt eine Plastikverpackung in der Hand. Langsam ging er auf meiner Seite am Auto entlang, und klopfte an die Scheibe. Was tun? Die Scheibe öffnen oder geschlossen halten?

Nicht aufzumachen wäre sehr unhöflich, aufzumachen eventuell lebensgefährlich. Dazu hielt er noch dieses undefinierbare Etwas in der Hand. Dann überlegte ich, dass er mir wahrscheinlich etwas verkaufen wollte. Also öffnete ich vorsichtig die Scheibe, aber ja nicht zu weit.

In einem schwer zu verstehenden Englisch versuchte mir der Mann zu erklären, dass er noch nie so schöne weiße lange Haare gesehen hätte. Und ob er wohl mal fühlen dürfte? Das ging mir dann doch etwas zu weit. Krampfhaft überlegte ich, wie ich das höflich ablehnen könnte. Zum Glück kam in diesem Moment die Sekretärin zurück und erlöste mich von meinem Dilemma. Aber insgeheim hat mich das Kompliment schon gefreut.

Klempner- und andere Handwerkskünste

Unser Sohn und ich kamen gegen 15 Uhr vom Einkaufen nach Hause. Schon aus der Ferne sahen wir Blaulichter in unserer Straße. Erschrocken erkannten wir, dass die ja vor unserem Haus standen. Was war da wohl los?

Beim Näherkommen sahen wir, dass Wassermassen aus unserer Einfahrt auf die Straße strömten. Zu der

Zeit wohnten wir in einem Appartement im Oberge-schoss in dem Ort Sleepy Hollow. Nachdem wir durch das knöcheltiefe Wasser im Eingangsbereich gewatet waren, empfing uns mein „husband". Es rauschte wie bei den Niagarafällen, dazu ertönte ein unerträglich schriller Warnton. Was war geschehen?

Unser „Landlord" (Vermieter) hatte einen Klempner bestellt, da es in einer Wasserleitung immer so klopfte. Der Klempner musste beim Wasseramt anru-fen, damit sie die Hauptwasserleitung zum Haus ab-stellten. Nach getaner Arbeit rief er wieder beim Amt an, um das Wasser wieder anstellen zu lassen. An-schließend wartete er noch eine Weile, und als nichts geschah, zog er fröhlich seiner Wege.

Nach ungefähr einer halben Stunde rumpelte es in der Leitung und plötzlich schoss ein Wasserstrahl durch das armdicke Hauptrohr heraus. Der Klemp-ner hatte schlicht und einfach vergessen, eine Dich-tung oder die Schrauben anzubringen, oder vielleicht auch beides. Binnen Sekunden war alles überflutet. Wir hatten unten im Eingangsbereich noch einige Sa-chen stehen, die nicht in die Wohnung passten. Die waren natürlich komplett hinüber. Da muss ich aber unsere Versicherung loben, die anstandslos den Schaden beglich.

Noch in Deutschland habe ich mich manchmal über die Gesellenjahre und anschließende Meisterausbildung amüsiert. Glauben Sie mir, seit wir in den USA leben, hat sich meine Einstellung dazu grundlegend geändert. Was man hier an sogenannter Handwerkskunst erlebt, geht auf keine Kuhhaut.

Aber das ist kein Wunder. Wenn ich z. B. meine, ich hätte eine Begabung zum Haareschneiden, mache ich vier Wochen einen Crashkurs am „Vocational College" (vergleichbar mit der deutschen Berufsschule) und im Anschluss daran werde ich schon auf die Menschheit losgelassen. Ähnlich verhält es sich bei allen Handwerksberufen. Eine Freundin, wohlgemerkt Amerikanerin, sagte einmal: „Wenn ich einen Handwerker rufe, bete ich jedes Mal vorher, dass der auch was von seiner Arbeit versteht."

Sie tut gut daran. Nachdem sie gerade in ihr neugebautes Haus eingezogen waren, kam ihre Mutter zu Besuch. Sie hatte unter dem Dach einen Gästebereich mit separatem Bad. Nun wollte die Mutter ein Bad nehmen. Anschließend ließ sie das Wasser ablaufen. Der Sohn meiner Freundin hatte sein Zimmer direkt darunter. Entsetzt bemerkte er, dass Wasser aus der Lampe (!) lief.

Eine andere Bekannte, eine deutsche Architektin, wagte es einmal einen amerikanischen Handwerker, den sie bei der Arbeit beobachtete, zu kritisieren. Er legte eine Drainage so, dass diese unmöglich funktionieren konnte. Beim nächsten Regen würde alles überschwemmt werden. Als sie ihn darauf aufmerksam machte, mit der Zusatzbemerkung, dass wir es in Deutschland so und so machen würden, wurde sie kurzerhand mit der Bemerkung abgefertigt: Wir sind hier aber in Amerika und da machen wir es so. Nach dem ersten starken Regen stellte sich natürlich heraus, dass es nicht funktionierte.

„Proud American"

Manchmal geht es einem schon auf den Geist, dieses ewige „Greatest in the world" (das Größte in der Welt). Fast keine amerikanische Nachrichtensendung vergeht ohne diesen Zusatz in irgendeinem Bericht, sei es über das Militär, den Sport oder andere Leistungen. Außerdem sind alle Helden: der Feuerwehrmann, der Soldat, der Polizist und, und, und. Dazu gibt es dann ganz lustige Episoden.

Zum Beispiel der Zahnarzt, der seiner deutschen Patientin beim ersten Besuch in der Praxis stolz erklärte, dass er die neuesten Geräte besäße. Er führte sie überall herum und meinte zum Schluss, so etwas würde sie ja aus Deutschland sicher nicht kennen. Lapidar zeigte sie auf ein Schild an einem der Geräte: Made in Germany.

Dieselbe Bekannte erzählte übrigens, dass beim ersten heftigen Regen nach ihrer Ankunft der ganze Keller total überschwemmt war. Fertig mit den Nerven und weinend traf eine amerikanische Nachbarin sie an. Diese war total erstaunt: „Warum weinst du, das passiert bei jedem starken Regen, das ist doch nichts Schlimmes."

Oder der Amerikaner, der dem deutschen Kollegen seine Firma zeigt und am Schluss meinte, dass Deutschland wohl, was die Technologie angehe, weit hinterherhinken würde. Der Deutsche darauf: „Kennen Sie Mercedes?" „Oh ja, großartige Autos". „Kennen Sie Porsche?" „Ja, ich würde gerne einen fahren". „Gut, das ist Deutschland." Da fiel dem Amerikaner die Kinnlade herunter. Die Amerikaner fahren nämlich auf deutsche Autos ab – und auf die Autobahn ohne generelle Geschwindigkeitsbegrenzung.

„What ever"

Ganz am Anfang unserer New Yorker Zeit passierte
es mir gleich zwei Mal in verschiedenen Läden: Ich
stand an der Kasse und die Kassiererin fand den Bar-
code des abgepackten Gemüses nicht. Nachdem sie
es ein paar Mal über den Scanner gezogen hatte und
nichts passiert war, kam ein lapidares „What ever"
(Was soll's) und ich bekam das Gemüse einfach so. In
Deutschland wäre wahrscheinlich Himmel und
Hölle in Bewegung gesetzt worden, um den Preis
ausfindig zu machen. Im ungünstigsten Fall hätte ich
das Gemüse wohl zurücklassen müssen.

Aber manchmal nervt es schon, wenn die Kassiererin
sich bei der Arbeit alle Zeit der Welt nimmt. Keine
Spur von deutschem Arbeitstempo. Auch die Kunden stehen geduldig Schlange, meistens wird sowieso mit einer Hand die Ware aufs Band gelegt und
mit der anderen Hand telefoniert. Als ich wieder einmal sehr ungeduldig seufzte und von einem Fuß auf
den anderen tippelte, meinte unser Sohn, der mich
begleitete: „Was hast du es denn so eilig, es kommt
doch auf ein paar Minuten nicht an." Recht hatte er,
aber es steckt so in einem drin.

Am Anfang unserer New Yorker Zeit äußerte sich
meine deutsche Ungeduld einmal sehr negativ. Ich

stand in einem Geschäft mal wieder genervt in der Schlange. Da sah ich, dass nebenan eine weitere Kasse geöffnet wurde. In guter deutscher Manier stürmte ich gleich mit meinem Wagen los. Der Kassierer schickte mich ziemlich ungehalten wieder zurück. Es geht nämlich schön der Reihe nach. Der Kassierer holt persönlich den nächsten Kunden an die Kasse, erst nach Aufforderung darf man die Kasse wechseln. Das war mir dann schon sehr peinlich, hatte ich mich doch ein weiteres Mal als Deutsche geoutet.

Eigentlich ist das ein ganz gutes System. Inzwischen nervt mich umgekehrt die Drängelei an deutschen Kassen, der Einkaufswagen, den man ins Kreuz geschoben bekommt. Warum haben es die Deutschen immer so eilig?

Dafür gab es dann auch sehr nette Erlebnisse. Einmal bemerkte ein anderer Kunde, dass ich etwas suchte. Er fragte mich, was ich denn suchen würde, half mir beim Suchen und fand es auch nicht. Ich gab auf und ging weiter. Auf einmal kam der Kunde mit seinem Wagen hinter mir hergerannt, er hatte sich an der Info erkundigt und wollte mir Bescheid sagen, wo ich den betreffenden Artikel finden würde. Das ist amerikanische Freundlichkeit!

Einmal kam ich bei strömendem Regen aus dem Supermarkt. Zögernd stand ich mit meinem Einkaufswagen da und überlegte, ob ich warten oder einfach zum Auto rennen sollte. In der Zwischenzeit kam ein älterer Herr mit einem Regenschirm aus dem Supermarkt. Er ließ seinen Einkaufswagen stehen, begleitete mich zu meinem Auto und hielt die ganze Zeit den Schirm über mich, bis alle Einkäufe verstaut waren und ich im Auto saß. Anschließend schob er noch meinen leeren Einkaufswagen zurück. So etwas ist mir in Deutschland nie passiert.

Auch ist, wenn man aus Deutschland kommt, die Freundlichkeit der Menschen in den USA sehr bemerkenswert. Nach dem Kinobesuch wird man z. B. immer mit einem netten „Have a nice day" (Einen schönen Tag noch) verabschiedet. In Geschäften wird man freundlich begrüßt, aber dann kann man auch in Ruhe herumstöbern und wird nicht auf Schritt und Tritt verfolgt. Man wird gesehen, respektiert, aber nicht drangsaliert. Und immer wieder passiert es, dass man auf die Kleidung oder die Frisur angesprochen wird: „Oh, what a wonderful skirt" (Oh, was für ein wunderschöner Rock) oder: „I like your hair color" (Ich mag Ihre Haarfarbe).

Was das Leben in den USA schön macht

(Wilfried Wassermann)

Kinder haben Vorfahrt

Obwohl es in den USA weder Kinder- noch Erziehungsgeld gibt und auch der mehrmonatige Mutterschutz oder die Elternzeit völlig unbekannt sind, haben die Ehepaare in den USA wesentlich mehr Kinder als in Deutschland. Denn Kinder genießen hier eine ganz andere, wesentlich höhere Wertschätzung! Ob in Hotels oder Restaurants, in öffentlichen Gebäuden oder Einkaufspalästen – überall gibt es nicht nur einen speziellen Service für Kinder, sondern sie werden regelrecht hofiert. Kindergeschrei hört man in den teuersten Restaurants und Hotels, in denen in Deutschland vergleichsweise Totenstille herrscht.

Wie kommt es, dass der Familie in den USA ein derartig hoher Stellenwert zukommt? Was ist der Grund, dass trotz fehlender Anreize der Politik die Geburtenrate in den USA fast zehnmal so hoch ist im Vergleich zu Deutschland? Auf 1000 Frauen kommen in den USA 62,5 Geburten, in Deutschland lediglich 8,4. Man sollte doch annehmen, dass es genau umgekehrt wäre. Die deutsche Familienförderung wird von Familienaktivisten in den USA sogar oftmals als

Vorbild genannt. Die Gegner aber verweisen auf die hiesige Geburtenrate und stellen fest, dass die deutsche Förderung wohl nicht wirklich effektiv ist.

Und in der Tat beeinflussen nicht (allein) politische Maßnahmen, ob es den Familien gut geht oder nicht. Es liegt viel mehr am Lebensgefühl. Denn in diesem riesigen Land, das sich ständig verändert, in dem so viele verschiedene Kulturen, Religionen und Traditionen aufeinanderprallen, braucht es einige wichtige und tragende Konstanten – eine davon ist die Familie. Sie ist der sichere Rückzugsort, in dem man sich heimisch und behütet fühlt. Es ist der Ort, an dem man angesichts der unbegrenzten Möglichkeiten des Landes die Nestwärme gibt und erhält, die so wichtig fürs Leben ist. Die Familie ist die Festung inmitten der großen Wandlung. Die USA kann deshalb nicht auf Familie verzichten, weil sie unabhängig von ethnischer Herkunft, politischer und religiöser Überzeugung der große gemeinsame Nenner ist, der alle verbindet.

Besucht man eine Bank, ein Amt oder auch einen Pfarrer in seinem Büro, stets sind die Gesprächspartner umrahmt von Familienbildern auf dem Schreibtisch, an der Wand oder im digitalen Bilderrahmen. Je nachdem stehen dort ein, zwei Bilder von Familienangehörigen, einmal zählte ich sogar 16 Bilder. Jederzeit kann man über Familienmitglieder sprechen, wenn es einem nicht zu viel wird, den Stolz der Eltern über die letzte Entwicklungsstufe der Kinder zu erfahren. Immer wieder wurde auch ich aufgefordert, ein Familienbild zu zeigen. Selbstverständlich ging man davon aus, dass ich jederzeit eines dabei hatte. Dank Smartphone ist das jetzt sogar der Fall.

Eine unangenehme Kehrseite dieser Familienfreundlichkeit sind die drastischen Kinderschutzgesetze. So wurde eine Mutter verhaftet, weil sie vor dem Bäckerladen parkte und ihr Kind, das gerade schlief, im Auto zurückließ. Denn Kinder bis 12 Jahre dürfen niemals (!) unbeaufsichtigt gelassen werden. Deshalb fahren sie auch alle mit den Schulbussen, selbst dann, wenn sie nicht einmal einen Kilometer von der Schule entfernt wohnen. Hier ist man der Meinung, dass es Kindern nicht zumutbar ist, den Schulweg alleine zu laufen. Es könnte ja etwas passieren!

Etliche andere Gesetze, wie Alkoholkauf erst ab 21 Jahren und das Verbot, Alkohol in der Öffentlichkeit zu trinken, rufen beim Europäer zwar nur Kopfschütteln hervor, zeigen aber, wie wichtig es der Gesellschaft hier ist, dass Kinder geschützt werden. Auch in vielen anderen Bereichen wirkt sich die Bedeutung des Kindes aus: Zum Beispiel ist der Personalschlüssel für Kindergärten doppelt so hoch wie in Deutschland: In den USA dürfen zwei Personen maximal 14

Kinder beaufsichtigen in Deutschland 28. Auch bei Einführungen in niedere und höhere Ämter – bis hin zum Präsidenten: Stets ist die ganze Familie mit allen Kindern dabei. Auch das ist ein öffentliches Signal für die Bedeutung von Kindern.

Du bist wichtig

Ist die Gesellschaft in Europa trotz aller demokratischen Reformen im 20. Jahrhundert immer noch von jahrtausendealtem feudalistischem Klassendenken geprägt, fehlt diese Einstellung in den USA völlig. Hier wird das Individuum gefeiert: Du bist wichtig. Du kannst alles erreichen: „The sky is the limit" (Der Himmel ist die Grenze). Das wird jedem Kind von Anfang an beigebracht. Deshalb wird das Ende der Kindergartenzeit nicht mit einem „Rauswurf" gefeiert – wie es gerade unser Enkel in Deutschland erlebt hat, sondern mit einer richtigen „Graduation" (Abschlussfeier): mit Robe, Doktorhut und Urkunde. Dem Kind wird signalisiert: Du hast etwas erreicht. Du bist wertvoll und wir freuen uns mit dir. Mach weiter so!

Nächste Stufe dieser Erziehung zur Selbstverantwortung ist die Schule, wo das öffentliche Auftreten in jedem Fach konstant eingeübt wird. Es gehört zum

Curriculum, dass ein Kind sich seine eigene Meinung bildet und diese dann vor anderen vertreten kann – mit allen Spielregeln der Demokratie: Wenn einer redet, dann tritt er vor die Klasse, die anderen hören zu und melden sich anschließend zu Wort, wenn sie etwas dazu sagen möchten. Stets sind die Regeln der Höflichkeit zu beachten. Diese werden für deutsche pädagogische Begriffe ziemlich rigoros und mit Strafen durchgesetzt. Freundlichkeit und gegenseitige Rücksichtnahme sind oberstes Gebot. Das lernen Kinder von der Pike auf.

Weitere Erziehungsmaßnahmen zur Eigenverantwortung kommen in der „High School" (Realschule/Gymnasium) hinzu. Die Kinder werden dazu ermutigt, „Community Service" (Sozialdienst) zu leisten. Ob in Altenheimen, Kirchen, Bibliotheken oder bei der Reinigung von Städten, überall gibt es für Heranwachsende Möglichkeiten, tätig zu werden. Beim Schulabschlussfest werden den Schülern mit den höchsten Stundenzahlen an „Community Service" spezielle Preise oder sogar Stipendien verliehen. Manche der besten Universitäten in den USA nehmen Studierende erst auf, wenn sie in Ihrer High-School-Zeit mindestens 400 Stunden geleistet haben. Die Fleißigsten bringen es sogar auf über 1000 Stunden.

Die Gewichtung des persönlichen Wohls vor dem Gemeinwohl ist sogar in der Verfassung verankert: Jeder darf nach seinem eigenen Glück streben, „Pursuit of happiness" genannt. Damit steht es fast konträr zur deutschen Erziehung, die das Gemeinwohl über das persönliche Wohlbefinden stellt. Wobei auch in den USA das Gemeinwohl nicht zu kurz kommt. Obwohl die Regierung spezielle Programme zur Unterstützung der Schwachen in der Gesellschaft hat, sind es oft die persönlichen Einsätze von Philanthropen wie Bill Gates oder Warren Buffet, die die Schlagzeilen beherrschen. Weil sie sich ihrer Verantwortung bewusst sind, haben sie den Klub der Milliardäre gegründet. Dessen Mitglieder verpflichten sich, mindestens die Hälfte des eigenen Vermögens für wohltätige Zwecke einzusetzen.

So waren z. B. bei Katastrophen wie Hurrikan Katrina die Ersten, die auf die Not der Bevölkerung reagierten, Privatinitiativen: Kirchen, Vereine und reiche Individuen, die schneller, flexibler und unbürokratischer reagierten als offizielle Stellen. Da organisierte ein Busunternehmer kostenlose Transporte für Freiwillige von New York nach New Orleans. Die erste Suppenküche vor Ort wurde von einer Kirche eingerichtet, und viele Familien in der Umgebung öffneten ihre Häuser für diejenigen, die ihre Häuser verloren hatten.

In einem Land ohne Kirchensteuer wird das Spenden des Einzelnen für seine Kirche in einer Weise zelebriert, die in Europa unvorstellbar ist. In einem speziellen Gottesdienst zum Jahresbeginn stehen an einem Punkt die Mitglieder auf, gehen mit ihrem „Pledge" (Spendenzusage) für das ganze Jahr nach vorne und legen diese in einen Korb. Richtschnur dabei sind 10 Prozent des Nettoverdienstes. Daraus kann dann die Kirchengemeinde berechnen, was ihr an finanziellem Volumen zur Verfügung steht. So überleben Kirchengemeinden in einem Land ohne Kirchensteuer, weil jedes Individuum um die Bedeutung und Wichtigkeit seines Beitrags weiß.

In der St.-Pauls-Kirche wurde eine derartige Maßnahme nicht eingeführt – ist sie doch den Europäern eher unbekannt und hätte vermutlich viele der Neuzugänge verunsichert oder gar abgeschreckt. Das Geben der Mitglieder war immer ein Thema. Es war gar nicht so einfach, den deutschen Gemeindegliedern die Bedeutung ihres Beitrags deutlich zu machen. Es brauchte viel Information, Zeit und vor allem beispielhaftes Vorangehen: Viele Mitglieder legten ihren jeweiligen Beitrag in Form eines Schecks in die Kollekte. Münzen fand man nur dann darin, wenn Besucher aus Deutschland im Gottesdienst waren. Die Kirchensteuer erzieht dort die Menschen eher dazu, wenig zu geben, denn sie haben ihren Beitrag ja bereits geleistet.

Die Freundlichkeit

Die Atmosphäre in der Öffentlichkeit oder der ersten Begegnung ist fast immer sehr liebenswürdig – für deutsche Verhältnisse schon fast euphorisch. Viele Deutsche reagieren zunächst unsicher auf das für sie meist ungewohnte und herzliche Entgegenkommen. „Die meinen das doch nicht ernst – oder?", fragte mich ein Besucher, dem das suspekt vorkam. Andere urteilen: „Das ist doch alles oberflächlich!"

Die Grundeinstellung des Deutschen ist in der Regel diametral entgegengesetzt. Man darf ja nicht zu viel Freundlichkeit zeigen, denn man muss aufpassen, dass man nicht ausgenutzt wird. Es gilt, den anderen erst einmal zu testen, bevor man sich ihm gegenüber offen und freundlich zeigt. Freundschaft muss verdient werden. Und nur wenige „Auserwählte" schaffen das. Letztendlich ist das in den USA zwar auch nicht anders: Nicht jeder, der einem freundlich begegnet, will gleich eine tiefe Freundschaft beginnen. Aber statt vorsichtig und zurückhaltend zu agieren, wagen es die Menschen hier zunächst einmal, freundlich und offen zu sein – und wenn sich das nur im Angebot ausdrückt, sie mit dem Vornamen anzusprechen.

Mit die ersten Worte, die man deshalb lernen muss, lauten: „Excuse me" (Entschuldigen Sie bitte). Überall, wo es eng wird, man sich aus Versehen berührt oder sonst wie in die Quere kommt, heißt es zunächst „Excuse me". Das führt dazu, dass man diesen Spruch bis zu zehn Mal gehört oder gesagt hat, wenn man in einem gut besuchten Supermarkt unterwegs war. Das geht bei den Einheimischen ganz automatisch: Als eine Einkäuferin mit ihrem Wagen gegen etwas gefahren war, entschuldigte sie sich, um anschließend zu merken, dass sie gar keinen Menschen, sondern lediglich ein Reklameschild angerempelt hatte.

An der Kasse geht es weiter: Der freundliche Gruß ist selbstverständlich. Aber schnell kann daraus mehr werden. Ein nettes Gespräch – sogar ein Seelsorgegespräch. Als „Sweetie" einmal vom Einkaufen zurückkam, erzählte sie mir freudestrahlend: „Heute hatte ich wieder ein unglaubliches Erlebnis! Ich stand nach dem Einkaufen an der Kasse, vor mir saß eine ältere behinderte Dame auf einem elektrischen Einkaufswagen. Angeregt unterhielt sich die Kassiererin mit ihr. Im ersten Moment war ich etwas ungeduldig und dachte – typisch Deutsch –, die könnten sich mal beeilen statt zu quatschen. Zwangsläufig bekam ich Gesprächsfetzen mit und begriff, dass die beiden Damen über Gott und den christlichen Glauben sprachen. Am Schluss umarmten sie sich sogar und die Kassiererin kümmerte sich darum, dass jemand die

Dame zu ihrem Auto begleitete. Als ich schließlich dran kam, entschuldigte sich die Kassiererin bei mir für die Wartezeit und wünschte mir zum Schluss statt des üblichen „Good bye" ein freundliches „Be blessed" (Sei gesegnet).

Wer in New York als Tourist unterwegs ist, wird keine fünf Minuten in seinen Stadtplan schauen können, ohne von mindestens zwei Passanten gefragt zu werden, ob er Hilfe benötigt. Als ich zu Beginn unserer New Yorker Zeit für die Rückfahrt vom Grand Central Terminal nach Rye den falschen Zug bestieg, gaben mir etliche Mitfahrende gleich den Rat, wie ich ohne weitere Kosten nach Hause kommen würde.

Natürlich ist nicht jeder Bürger des Landes so gesinnt, wie es hier beschrieben wird. New York ist bei manchen Einheimischen sogar gefürchtet. Ein Freund aus Kansas fragte mich, ob ich in New York noch nie überfallen worden wäre. Das ist das Image der Stadt bei der eigenen Bevölkerung. Aber trotzdem überwiegt im Land eine Atmosphäre der Freundlichkeit, wie man sie sonst kaum erlebt – vielleicht mit Ausnahme von Australien. Das kommt eventuell daher, weil beide Länder etwas haben, was Europa fehlt:

Unendlich viel Platz

Die USA und seine Einwohner richtig verstehen kann man wohl erst, wenn man das riesige Land erlebt hat. Es hat scheinbar Platz ohne Ende. Verlässt man die Stadtgrenzen New Yorks, landet man nach ein paar Kilometern in völlig unberührtem Urwald. Anfangs wollten wir nach guter deutscher Sitte immer in den Wald zum Spazieren – aber wir mussten einen Wald, in dem man spazieren gehen kann, erst mal finden. Die meisten Wälder haben keine Wege. Sie sind völlig unberührt. Da geht auch niemand hinein. Es sei denn, man will die Schwarzbären treffen, die sich von dort aus ab und an in die Wohnsiedlungen verirren.

Das riesige Land bietet auch alle Klimazonen der Welt: von der Wüstenregion im Süden über die alpinen Gipfel der Rockies bis hin zu den Sümpfen von New Orleans und dem Mississippi-Delta. Keiner muss das Land verlassen, um alle Topografien der Erde zu erleben. Von der Ost- zur Westküste fliegt man fast genauso lang wie von New York nach Frankfurt. Man ist stundenlang in der Luft und immer noch im Land der Burgers, Malls und SUVs.

Kein Wunder also, dass die Amerikaner ihr Land leicht mit der ganzen Welt verwechseln. Drückt man in Deutschland zu sehr aufs Gaspedal, landet man nach einiger Zeit in Dänemark, Polen, Frankreich oder Österreich. Man wird fast täglich daran erinnert, dass es andere Nationen, Sprachen und Kulturen gibt. In den USA kann man tagelang Gas geben, und das Einzige, was sich ändert, sind das Klima und der „Slang" (Dialekt). Der kann im Süden allerdings selbst für die Einheimischen so breit sein, dass sie meinen, im Ausland zu sein. Aber man ist immer noch in „God's own Country" (Gottes eigenem Land).

Auch wegen diesen Dimensionen fehlt es den Amerikanern an dem im dichtbevölkerten Europa so dringend erscheinenden Umweltbewusstsein. Zwar gibt es inzwischen ebenfalls die Einrichtung der Mülltrennung, aber sie ist immer noch gepaart mit einer grenzenlosen herkömmlichen Müllentsorgung: Man stellt alles einfach vor die Tür. Es gibt kein Mengen- oder Größenlimit. Alles wird mitgenommen, solange es nicht länger als zehn Minuten braucht, um eingeladen zu werden. Die Stadt New York produziert täglich 10.000 Tonnen Müll. Dieser wird auf Barkassen nach Delaware verfrachtet, wo es auf Zügen zu riesigen Deponien in Texas gefahren wird. Texas ist doppelt so groß wie die Bundesrepublik Deutschland bei einem knappen Viertel der Bevölkerung. Das heißt, die Bevölkerungsdichte in Texas ist achtmal geringer als in Deutschland. Man kann dort tagelang fahren, ohne eine Einzige der riesigen Mülldeponien zu sehen. Müllprobleme? Unbekannt!

Die unglaubliche Weite schlägt sich auch in anderen Bereichen nieder. Zum Beispiel auf Friedhöfen. Jedes Grab ist persönlicher Landbesitz der Familie oder Person, die es gekauft hat. Selbstverständlich dürfen die Verstorbenen dort so lange ruhen, wie es der Familie gefällt. Eine Ruhezeitbegrenzung von 15 oder 25 Jahren, wie in Deutschland üblich, ist völlig undenkbar. Das käme einer Enteignung gleich. Grabstellen sind deshalb auch ähnlichen Marktentwicklungen ausgesetzt wie Immobilien. Die sechs Grabstellen in Brooklyn, die die St.-Pauls-Kirche besitzt, werden immer wertvoller und könnten jederzeit gewinnbringend verkauft werden. Die Kirche hatte sie für den Fall erworben, dass verstorbene Mitglieder sich kein Grab leisten konnten. Man kann also in Gräber durchaus gewinnbringend investieren.

Auch die Städte sind oft uferlos. Vor allem zu Beginn unserer Zeit in New York hat uns das verunsichert. Man fährt und fährt und weiß nie, wann ein Städtchen aufhört und das andere beginnt. In der Regel gibt es auch kein Ortsschild. Erst im Laufe der Zeit gewöhnten wir uns daran, dass z. B. das Städtchen Daytona Beach in Florida mit 60.000 Einwohnern fast doppelt so viel Platz, nämlich 156 km^2, hat wie die Stadt Reutlingen mit 120.000 Einwohnern und 87 km^2. Da die meisten Häuser Einfamilienhäuser sind und jedes einen mehr oder weniger großen Garten hat, ist der Flächenverbrauch groß. Aber immer noch gibt es mehr als genug Platz für die 1,4 Millionen Einwanderer, die jedes Jahr neu ins Land kommen.

Der Pioniergeist

Vom Tellerwäscher zum Millionär. Der alte Traum vom schnellen Erfolg und großen Reichtum erfüllt sich auch heute noch in den USA. Wenn jemand eine gute Idee hat und diese zielstrebig angeht und umsetzt, dann steht ihm die Welt offen. IT-Unternehmen, die oft in einer Garage begannen, stehen dabei an oberster Stelle der Erfolgsliste. Im Windschatten der Großen bilden sich dann auch Tausende kleinerer Firmen. Inzwischen bieten das Internet und TV-Sender Plattformen an, in denen junge hoffnungsvolle Entwickler Geldgeber für ihre Produkte suchen. „Just do it" (Tu es einfach) ist nicht nur der Slogan einer Sportartikelfirma, sondern entspricht auch voll dem Pioniergeist des Landes.

Viele scheitern natürlich auch. Aber Scheitern ist in den USA nicht die große Katastrophe wie in Europa oder Deutschland. Es gehört dazu und ist ein wichtiger Lernprozess. Erstaunlich ist, wie locker in den USA mit Niederlagen umgegangen wird. Sollte es beim ersten Versuch nicht klappen, wagt man sich sogleich an den zweiten. Es ist kein Makel, zu scheitern.

Wenn man später erfolgreich ist, dokumentiert man dadurch, dass man dazugelernt hat.

Ähnlich ist es bei Arbeitslosigkeit. Auch wenn sie während der Finanzkrise von 2008 fast die Dimension der großen Depression von 1929/30 erreichte, ist die USA im Gegensatz zu Europa heute (2015) wieder aus diesem Loch heraus. Beispielsweise läuft es dann so ab: Unser deutsch-amerikanischer Schatzmeister wurde von seinem neuen Chef gefeuert, der ihn nicht mochte. Wie in Hollywoodfilmen oft zu sehen, musste er sofort seine Sachen in eine bereitgestellte Box packen und wurde anschließend vom Sicherheitspersonal zum Ausgang begleitet. So schnell ging das. Aber deshalb brach die Welt für ihn nicht zusammen, innerhalb von zwei Monaten hatte er einen neuen Job.

Viele, die in die Arbeitslosigkeit fallen, versuchen es anschließend mit der Selbstständigkeit. Ein Bestseller heißt deshalb symptomatisch: „Arbeitslosigkeit – das Beste, was mir passieren konnte." Natürlich steckt eine typische Erfolgsstory dahinter. Das Buch verkaufte sich so gut, dass die Autorin in Radio und Fernsehen anfing, Finanzberatung zu geben. Heute hat sie eine eigene Fernsehsendung zum Thema. Auch die Nachrichten in der Zeit der großen Rezession waren voll von gelungenen Beispielen für Erfolge, statt immer nur an Negativschlagzeilen haften zu bleiben. Gute Nachrichten sind hier durchaus Nachrichten!

Die ökonomische Dynamik in den USA ist bewundernswert. Sie ist vor allem vom positiven zukunftsorientierten Denken geprägt. Ein Anwalt, der sowohl in New York wie in Frankfurt Büros betreibt, machte mir den Unterschied zwischen den beiden Ländern folgendermaßen klar: „Wenn in Deutschland den Reichen die Steuern gesenkt werden, dann gehen die Armen auf die Straßen und protestieren. Wenn in den USA den Reichen die Steuern ermäßigt werden, dann applaudieren die Armen, weil sie morgen reich sein wollen."

Dieser positive und zukunftsorientierte Ansatz ist auch für die kirchliche Landschaft prägend. Während die großen etablierten, konfessionell gebundenen Kirchen zwar ähnlich wie in Deutschland an Mitgliederschwund leiden, sind die überkonfessionellen und jungen Kirchen Amerikas von einem starken und dynamischen Auftrieb erfasst. Ein Beispiel ist die junge „Trinity Grace Church", die sich seit 2007 sonntagabends in den Räumen der St.-Pauls-Kirche trifft.

Begonnen hat die Kirche nach dem Terroranschlag von 9/11. Ein junger australischer Pastor sagte mir: „God gave me a call to help New York" (Gott hat mich berufen, New York zu helfen). Er startete in einem kleinen Theater mit 100 Sitzplätzen in der 72. Straße einen Gottesdienst. Die Anschubfinanzierung dazu erhielt er von einer florierenden Kirche mit über 15.000 Mitgliedern, der „Redeemer Presbyterian Church". Diese betreibt ein sogenanntes „Church Planting Program" (Kirchengründungsprogramm). Schon bald reichten die 100 Plätze nicht mehr aus und die Mitglieder suchten nach Erweiterungsmöglichkeiten. Diese fanden sie in der St.-Pauls-Kirche.

Sieben Jahre später hat die Kirche nicht nur über 300 Gottesdienstbesucher, sondern noch drei weitere Stationen in New York, an denen insgesamt 2000 junge Menschen Gottesdienste feiern. Zehn bezahlte Pastoren sind inzwischen angestellt, um die Mitglieder zu betreuen. Finanziert wird alles aus Spenden. Jeden Sonntag werden auf dem Gottesdienstblatt der finanzielle Bedarf und die Spendeneinnahmen gegenübergestellt. Als ich es mir anschaute, lagen die Einnahmen deutlich über dem monatlichen Bedarf von 224.000 Dollar.

Wenn eine Sache es wert ist, spendet der Amerikaner gerne. Gutes darf etwas kosten. So ist die Zahl der „Charity dinner" (Wohltätigkeitsgalas) in New York fast unendlich. Ein Platz kann bis zu 10.000 Dollar kosten. Auf diese Weise kam im Jahr 2012 in den gesamten USA die unglaubliche Summe von 228 Milliarden Dollar an Spenden für wohltätige Zwecke zusammen – nur von den privaten Haushalten. Das entspricht ungefähr der Hälfte des Jahreshaushaltsplans der BRD!

Während Europa – und vielleicht speziell Deutschland – von einem großen Bedürfnis nach Sicherheit geprägt ist, ist die allgemeine Lebensstimmung in den USA eher von der Risikobereitschaft geprägt. „Ich will nicht alt werden, ohne es wenigstens probiert zu haben", sagte mir unser Hausbesitzer in Sleepy Hollow. Er hatte gerade ein teures Stück Land erworben, um sein Gartenbaugeschäft zu erweitern. Der Erfolg hat ihm recht gegeben. Mit der Erweiterung hat sich sein Umsatz mehr als verdoppelt. Er schlief allerdings in seinem alten, vergammelten Wohnmobil, denn seine schöne Wohnung hatte er zunächst an uns vermietet, damit er das Stück Land abbezahlen konnte.

Was uns in den USA nicht gefällt

(Wilfried Wassermann)

Kaufrausch

Nirgendwo ist das Einkaufen derart zum Lebensstil und Sinninhalt verkommen wie in den USA. „Shop till you drop" (Einkaufen bis zum Umfallen) heißt das Motto. Und die Läden tun alles, um dies zu ermöglichen. Man kann einkaufen, wann man will: 24/7 ist ein Prädikat das besagt, dass das Geschäft 24 Stunden an sieben Tagen die Woche geöffnet hat, also schlicht rund um die Uhr. Im Fernsehen werden pausenlos Produkte beworben. Während der Olympiade 2004 haben wir nachgerechnet: In der Zeit von 20 bis 24 Uhr enthielt das Programm fast zwei volle Stunden reine Werbung!

Überhaupt das Fernsehen! Da taucht in vielen Werbeblöcken ein gut gekleideter Anwalt auf und fragt: „Haben Sie vor Kurzem ein Autounfall mit Gesundheitsschäden erlitten? Dann kommen Sie zu uns: Wir schlagen für Sie das Maximale heraus. Sie zahlen nur, wenn wir den Fall für Sie gewinnen." Das Klagen zwecks Geldentschädigungen ist eine milliardenschwere Industrie geworden. In keinem Land der Welt ist die Anwaltsdichte so groß wie in den USA.

Die riesige US-Wirtschaft, im Jahr 2013 mit einem Bruttosozialprodukt von 16,7 Billionen Dollar – das sind 16.700 Milliarden, eine Zahl mit 12 Nullen – wird zu zwei Dritteln durch Konsum erzeugt. In keinem anderen Land ist es so einfach, ein „Business" (Geschäft) anzufangen. Jeder kann fast alles machen, was ihm einfällt. Ob es gut geht oder nicht, bestimmt allein der Markt. Wobei die Fluktuation bei diesen Betrieben riesengroß ist. Ruft man bei einem Handwerker an, mit dem man vor einiger Zeit gute Erfahrungen gemacht hat, kann es sein, dass sein Betrieb schon nicht mehr existiert.

Was niemanden zu stören scheint, ist, dass vieles deutlich mehr kostet als angegeben. Denn zum einen wird nirgendwo im Preis die ebenfalls zu entrichtende Steuer ausgewiesen. Und zum anderen kommen noch Trinkgelder oder dubiose Zuschläge hinzu. Mein erster Handyvertrag, den mir ein schlauer Chinese, trotz fehlender Social Security Number doch noch an Land zog, wurde mir für 39,90 Dollar im Monat verkauft, bezahlen musste ich aber 51,80 Dollar. Von irgendwo kamen plötzlich „Taxes, surcharges, regulatory fees" (Steuern, Zusatzkosten, Gebühren) dazu. So wurde das Telefonieren um 20

Prozent teurer als angegeben, und zwar monatlich! Trotzdem war ich natürlich froh, überhaupt ein Handy zu haben.

Mit Vorsicht sind auch die sogenannten „Rebates" (Rückerstattungen) zu genießen: Man zahlt zunächst den vollen Preis und muss den versprochenen Rabatt schriftlich beantragen. Diesen tatsächlich zu erhalten ist aber mit so viel Aufwand verbunden, dass mehr als die Hälfte der Anträge zum Scheitern verurteilt ist. Man muss nämlich aus dem Verpackungskarton gewisse Nummern ausschneiden, einen mehrseitigen Antrag mit kryptischen Modellbezeichnungen ausfüllen und zum Schluss auch noch den Stempel des Verkäufers einholen. Wen wundert es, dass eine so komplizierte Maßnahme oft nicht klappt. Reiner Gewinn für Hersteller und Verkäufer! Anfangs versuchte ich ein paar Mal „Rebates" zu erhaschen, ließ aber wegen mangelnden Erfolgs bald die Finger davon.

Ein anderes Beispiel: Bei der Bestellung von Waren über das Internet buchte der Händler eine Summe vom Konto ab, die ca. 1–2 Prozent höher war als der angegebene Preis. Als ich diesbezüglich beim Versandhaus nachfragte, wurde mir lapidar mitgeteilt, es handle sich um „Preliminary charges" (vorläufige Gebühren), die man nach einiger Zeit wieder erstattet bekäme. Der Effekt ist: bei Tausenden von Transaktionen am Tag hat das Versandhaus zunächst Millionenbeträge in den Kassen, die ihm eigentlich gar nicht gehören – „Business as usual" (alles ganz normal).

Ab und zu brach auch die Einkaufshölle los – oder aus Sicht der Amerikaner das Einkaufsparadies: Alle Läden waren vollgepackt. Die Stadt war zum Bersten voll – noch voller als an anderen Tagen. Was war da los? Gab es etwas umsonst? Nein, es war „Tax free sale" (steuerfreies Einkaufen)! An gewissen Tagen im Jahr hob der Staat New York die Steuer auf bestimmte Produkte einfach auf, damit die Leute noch mehr kaufen sollten (als ob das noch möglich wäre).

Die größten Feiertage der USA sind auch gleichzeitig die größten Einkaufstage. Der berühmt-berüchtigte „Black Friday" (Schwarzer Freitag) ist der Tag nach dem Thanksgiving-Fest, an dem die Hauptbeschäftigung vieler Familien im Vorbereiten ihrer Einkaufslisten besteht. An diesem Tag wagten wir uns nicht aus dem Haus! Manche standen über zwei Stunden im Verkehr, um überhaupt einen Parkplatz zu finden. Nein, danke!

In den Fängen der Kreditkrake

Wer im Internet einkaufen will, braucht in den USA eine Kreditkarte. Banküberweisungen sind hier unbekannt. Und auf Rechnung bekommt man schon gleich gar nichts, ein solcher Vertrauensvorschuss ist im Land der unbegrenzten Möglichkeiten unbekannt. Anfangs war es auch so gut wie unmöglich, eine Kreditkarte zu bekommen. Nach mehreren Anträgen bei verschiedenen Kartenanbietern erhielt ich irgendwann einen Brief, in dem mir mitgeteilt wurde, dass ich nicht kreditwürdig sei, weil ich zu viele Versuche unternommen hätte, eine Kreditkarte zu beantragen! Da wurde mir zum ersten Mal bewusst, was hier passiert: Alle meine Einkaufsversuche und Bewegungen werden genauestens registriert! „Big Brother is watching!" (Der große Bruder sieht alles).

In diesem großen, zentralen, von allen Geschäften in den USA einsehbaren heiligen Buch des Einkaufens werden tatsächlich alle Kreditbewegungen aufgezeichnet. Zunächst klingt dies ja noch harmlos und erinnert irgendwie an die Schufa in Deutschland. Aber in den USA ist es ein großes Hindernis, nicht im heiligen Buch des Kredits zu stehen. Denn deine Kreditwürdigkeit wird dort entschieden. Wie?

Indem du nachweist, dass du Schulden abbezahlst! Ja, das ist kein Druckfehler oder irgendwie falsch interpretiert. In den USA bist du erst dann ein willkommener Käufer und kannst nach Herzenslust Leasing-, Handy- und Versicherungsverträge abschließen, wenn du nachweisen kannst, dass du Schulden hast! Wenn du also ein ordentlicher Schwabe bist, der Schulden meidet wie der Teufel das Weihwasser, dann bist du hier in der Hölle. Denn das Paradies hier heißt: Je mehr Schulden, desto besser!

Es gibt wohl kein anderes System, das ein Volk dermaßen zu Schuldnern und Abhängigen macht, wie dieses Kreditsystem. Der Effekt ist desaströs: Jährlich müssen in den USA über 1,3 Millionen Menschen Privatinsolvenz anmelden. Der Durchschnittsbürger gibt ein Viertel mehr aus, als er verdient. Fast alle bis auf diejenigen, die Geld verleihen, sind heillos verschuldet. Im TV-Programm namens „60 Minutes" kam ein Bericht über einen Radiomoderator, der ein sehr einträgliches Geschäft gefunden hat: Leuten zu helfen, Wege aus ihren Schulden zu finden – und zwar, indem er sie dazu erzieht, nicht mehr auszugeben, als sie einnehmen. Die Betroffenen staunen dann und stellen überrascht fest: „Wir wussten gar nicht, dass es anders geht, als Schulden zu machen!" Effektvoll werden dort Kreditkartenvernichtungen zelebriert und sogar im Mixer zerhackt. Der Moderator ist dadurch — wie könnte es anders sein? — zum Millionär geworden! Als er gefragt wurde, ob der Kampf gegen die übermächtigen Kreditinstitute nicht ein Anrennen gegen Windmühlen sei, antwortete er mit einem breiten Lächeln: „Dann gehen meine Geschäft eben weiterhin gut!"

Der Sinn der zentralen Kreditkrake wird einem erst im Laufe der Zeit klar: Es ist nicht der Schutz des Konsumenten, wie man zuerst denken könnte. Der alleinige Nutzen besteht darin, die übermächtige Verkaufs- und Kreditindustrie vor unsicheren Käufern zu schützen. Denn wenn jemand eine schlechte Kreditgeschichte hat (oder noch schlimmer: gar keine), dann darf er zwar schon einkaufen, aber zu viel schlechteren Konditionen. Wenn man also jemandem nicht zutraut, für ein Auto 250 Dollar im Monat zu zahlen, was macht ein Verkäufer dann? Man sollte doch meinen, dass er versuchen würde, es billiger zu verkaufen – denn dann machte er ja trotzdem ein Geschäft! Nicht so in den USA: Wenn du keine 250 Dollar bezahlen kannst, verlangen die Kreditgeber eben 350 Dollar. Das war auch der Grund, warum wir für die Versicherung unserer beiden Autos zunächst doppelt so viel zahlen durften wie jemand, der eine gute Kreditgeschichte hatte. So wird aus dem Konsumenten herausgeholt, was nur geht, und die Kluft zwischen Arm und Reich wird immer größer.

Eine tragische Geschichte las ich in der New York Times: Ein wegen Krankheit Frühpensionierter mit 1000 Dollar monatlicher Rente war gezwungen, seine Kreditkartenschulden von über 40.000 Dollar durch die Aufnahme einer Hypothek abzubezahlen. Der Makler jubelte ihm fiktive monatliche Einkommen von 800 Dollar als Erlös eines Buches unter, das irgendwann einmal geschrieben werden sollte. So zwang er den Mann, nach vier Monaten sein Haus der Bank zu überschreiben, was diesen in den Selbstmord trieb. Im Jahr 2008 konnte man die Folgen einer derart auf maximalen Gewinn ausgerichteten Wirtschaft besichtigen: die größte Finanzkrise seit 1929.

Schon bei der normalen Kreditkarte grenzt der Zinssatz für Schulden an Wucherei. Durchschnittlich 19 Prozent jährlichen Zins verlangen Visa & Co für die Darlehen – aber nur, wenn sie pünktlich abgestottert werden. Fällt aus irgendeinem Grund eine monatliche Zahlung aus, dann schnellt der Zins automatisch auf 30 Prozent hoch! Dazu kommt dann noch eine Gebühr von ca. 30 Dollar. Aber selbst das normale regelmäßige Abbezahlen ist zu einer Geldvermehrungsmaschine für die Kreditinstitute geworden. Denn der monatlich zu zahlende Betrag ist so niedrig, dass selbst derjenige, der niemals eine Zahlung versäumt, durchschnittlich 30 Jahre braucht, um seine Schulden ganz los zu werden. In dieser Zeit hat er dreimal so viel bezahlt, wie er am Anfang als Schulden aufgenommen hat.

Aber im „Land of the Free" (Land der Freien) gibt es noch Steigerungen: Der sogenannte „Pay Check Loan" (Zahltag-Kredit) übertrifft alles andere an finanzieller Blutsaugerei. In den ärmeren Südstaaten ist er anzutreffen und Zielgruppe sind diejenigen, die keine Kreditkarten mehr bekommen, weil sie aus dem Kreditwürdigkeitssystem ganz herausgefallen sind. Bei diesen Halsabschneidern kommen Jahreszinsen zwischen 200 und 300 Prozent vor, in einigen Fällen sogar über 1000 Prozent. Wer sich am Monatsanfang also 300 Dollar leiht, hat am Monatsende Schulden von 600 Dollar. Das alles ist völlig legal im Lande des Kapitalismus! Und damit wären wir bei der Politik.

Es gibt zwar Bestrebungen der Regierung, einen Maximalzins beim „Pay Check Loan" einzuführen, aber diese Versuche sind bis jetzt alle an der hervorragenden Arbeit der Lobbyisten in den Staats- und Regierungsparlamenten gescheitert. Diese drohen bei solchen Diskussionen kurzer Hand damit, bei den nächsten Wahlen ihre Spenden an die Parteien zu kürzen, oder noch schlimmer: an die andere Partei zu geben. Oder sie schaffen sich Schlupflöcher, indem sie das Kreditprodukt einfach umbenennen. So wird eben aus dem „Pay Check Loan" kurzerhand ein „Fast Credit Loan" (Schnell-Kredit). Für den gilt das Gesetz dann nicht. Und man kann weiterhin das Blut der Ärmsten saugen.

Verkehr und Fahrstil

Autofahren in den USA ist eigentlich sehr angenehm. Ganz locker können große Strecken zurückgelegt werden. Bei einer Durchquerung der USA mit dem Auto von Ost nach West hatten wir keinerlei Probleme, 1000 km am Tag zu fahren. Die meisten Autobahnen sind breit und gut ausgebaut. Auf der Strecke von Kansas City nach Colorado Springs wies uns das Navi an: „Fahren Sie 895 km geradeaus und biegen Sie dann links ab." So kennt man das Fahren von US-Reiseprospekten: kilometerlange gerade Strecken, wenig Gegenverkehr und viel Landschaft. Und oft ist es so. Vor allem im mittleren Westen. Auf den meisten Abschnitten darf man inzwischen auch 70 mph fahren – das entspricht immerhin fast 120 km/h und ist wesentlich einfacher zu halten als die sonstige Geschwindigkeitsbegrenzung auf 55 mph (88 km/h).

Aber oft ist es leider nicht so, vor allem im Alltag sieht es anders aus. Und in New York ganz besonders. Prinzipiell fährt der New Yorker nämlich nie nur Auto. Er isst und fährt nebenher. Er rasiert sich und fährt nebenher. Sie schminkt sich und fährt nebenher. Die Zeit am Steuer ist viel zu wertvoll, um sie nur mit Fahren zu verschwenden. Am häufigsten telefonieren die New Yorker nebenher. Als Hintermann merkt man das immer dann, wenn das Fahrzeug vor einem aus unerfindlichen Gründen auf gerader Strecke urplötzlich langsamer wird. Dann sieht man schon das Handy zum Ohr gehen. Ist das Gespräch beendet, gibt der Fahrer genauso plötzlich wieder Gas.

Natürlich ist das alles verboten. Aber die Polizei kommt nicht nach, die Verstöße zu ahnden. Oft erwischt sie sogar die Unschuldigen. Die Pfarramtssekretärin der Kirche wurde eines Tages angehalten, weil sie angeblich telefonierte. Sie hatte aber nicht einmal ein Handy im Auto dabei.

Das Hauptproblem des Verkehrs in den USA ist die mangelnde Ausbildung. Mit 16 Jahren dürfen junge Menschen in Begleitung eines Führerscheinbesitzers schon hinter das Steuerrad. Fünf Stunden Theorieunterricht, der diesen Namen nicht wirklich verdient, reichen aus. Entsprechend ist der Fahrstil. Weil sie es nicht besser lernen, wird viel zu dicht aufgefahren, von der linken Spur einfach in die Ausfahrt abgebogen oder laufend die Kreuzung blockiert. Man ist vor Überraschungen nie sicher.

Die Zahl der Unfälle und Verkehrstoten in den USA ist deshalb erschreckend hoch (2012: 33.356 Opfer). Eine uns bekannte Lehrerin verlor ihre 19-jährige Tochter durch einen typischen Unfall: Sie war nicht angeschnallt und hatte während der Fahrt getextet. Mit dramatischen Fernsehspots während der Werbeblöcke versucht die Polizei gegenzusteuern. Die verheerenden Folgen des Textens hinter dem Steuerrad werden explizit gezeigt. Auch vor dem Problem der SUVs, ganz leicht umzukippen, wird gewarnt. Denn in einem solchen Fahrzeug saß die Tochter der Lehrerin. Durch ihre Größe täuschen diese Fahrzeuge ein Sicherheitsgefühl vor, das zur Nachlässigkeit führt.

Längst haben Autofirmen in diesem Bereich eine Marktlücke entdeckt. Sie bieten ihren Käufern ein kostenloses Sicherheitsfahrtraining an. Die Ausbildung entspricht ungefähr dem, was an einer normalen deutschen Fahrschule unterrichtet wird. Aber auch Schulen haben begonnen, entsprechenden Unterricht anzubieten, weil sie merken, dass es hier Bedarf gibt.

Im Labyrinth der Bürokratie

Wer sich jemals über die Bürokratie in Deutschland beschwert hat, sollte in den USA nur einmal auf ein

Amt gehen. Danach wird er sich nicht mehr so schnell über die deutsche Bürokratie beschweren. Die ganz eigene und ziemlich märchenhafte Welt der US-Bürokratie fängt ja schon vor dem Eintritt ins Land an. Da wird beim Visumantrag allen Ernstes gefragt: „Haben Sie vor, in den USA einen Terroranschlag zu verüben?"

Ist man erst einmal im Land, beginnt die nächste Märchenstufe: Welche Behörde ist wofür zuständig? Auf welchem Führerscheinamt kann man wirklich den Führerschein beantragen? Welche Formulare sind einzureichen? Das größte Problem ist immer, jemanden zu finden, der kompetent genug ist, klare Antworten zu geben. Das sind in der Regel nur die „Supervisors" (Vorgesetzte). Als normaler Antragsteller kommt man aber nicht an sie heran. Man kommuniziert lediglich mit Sachbearbeitern, die null Kompetenz haben. Sie werden nur dazu angestellt, um eine einzige Sache zu erledigen, mehr dürfen sie nicht. Sie können z. B. den Antrag in Empfang nehmen und auf Vollständigkeit überprüfen. Wenn der Antrag nicht vollständig ist, müssen sie ihn abweisen. Beharrt man auf einer Bearbeitung, weil man die fehlenden Daten (noch) nicht hat, lehnen sie alles ab, es sei denn, man verlangt den Supervisor.

Beim Antrag auf ein Bankkonto hat uns das zu Beginn ziemlich verwirrt. Unser Gegenüber, ein nette junge Dame, stand alle paar Minuten auf und verschwand in einem Raum. Was machte sie nur da? Warum verschwand sie laufend? Nach dem sechsten Mal wurde es klar: Da kam nämlich die Supervisorin mit ihr an den Platz und übernahm die weitere Kontoeröffnung ohne den Nachweis einer Social Security Number. Das durfte die Sachbearbeiterin nicht. Sie hatte keine Kompetenz dazu.

Oft braucht man sechs bis zehn Anrufe, um herauszufinden, welches Amt für einen zuständig ist. Meistens empfiehlt es sich, einen Anwalt einzuschalten. Nicht als Verteidiger, sondern als Kundiger im Behördendschungel. Aber nicht jeder Anwalt kann alle Amtsgänge erledigen. Denn sie haben sich längst spezialisiert. Man muss also zum Spezialisten für Einwanderungsfragen gehen, wenn man die „Green Card" (Daueraufenthaltsgenehmigung) beantragt. Trotz dieser teuren Hilfe hatten wir keineswegs gleich beim ersten Mal Erfolg: Stets mussten wir Dokumente nachreichen, weil die ersten 26 immer noch nicht ausreichten.

Hat man genügend Geld, kann man alles beschleunigen. Für ungefähr 2000 Dollar kann man die „Green Card" in einem Drittel der sonst üblichen Zeit erhalten. Hat man mehr als eine halbe Million Dollar in den USA investiert, bekommt man die „Green Card" sogar umsonst und per Express zugeschickt. Hat man diese Finanzmittel nicht, muss man warten. Lange warten. Sehr lange! In unserem Fall wurden es zweieinhalb Jahre. Die ersehnten „grüne Karten" kamen in der allerletzten Frist unseres Visums, genau zum Geburtstag. Sonst hätten wir das Land vorzeitig verlassen müssen.

Fairerweise muss man hinzufügen, dass inzwischen fast alle Ämter gute Internetpräsenzen haben. Man braucht nur eine Frage zu googeln und landet in der Regel auf einer Seite, die weiterhilft. Gegen Eigenheiten der US-Bürokratie hilft das aber nicht: Unser erster Antrag auf Staatsbürgerschaft kam wieder zurück, weil die letzten zwei Seiten, in denen wir keine Angaben zu machen hatten, fehlten. Das Amt war nicht bereit, zwei leere Seiten ans Ende hinzuzufügen! Wir mussten die ersten 21 Seiten neu ausfüllen und einreichen!

Dass es auch gegen den allgemeinen Trend gehen kann, erlebten wir in Florida: Beim Umschreiben unseres New-York-Führerscheins dauerte es vom Eintritt in die Behörde bis zum Erhalt des endgültigen Führerscheins mit Foto gerade einmal 20 Minuten, in Worten: zwanzig! Dieser wurde uns von der 10-jährigen Tochter der Beamtin, die wohl gerade schulfrei hatte und bei ihrer Mutter wartete, mit einem strahlenden Lächeln ausgehändigt. Am Schluss wurden wir in einer Umfrage sogar bezüglich unserer Zufriedenheit mit der Arbeit der Behörde interviewt. Wir haben sie nur so mit Lob überschüttet!

Polizei- und Justizsystem

Der Prozentsatz der Bevölkerung, der andauernd in Gefängnissen weggesperrt lebt, ist nirgendwo so hoch wie in den USA. Konstant ist es ca. 1 Prozent der Erwachsenenbevölkerung. Bei der schwarzen Bevölkerungsgruppe sind es sogar 4 Prozent. Die Kosten belaufen sich jährlich auf 30.500 Dollar pro Gefangenem, insgesamt weit mehr als 100 Milliarden Dollar jährlich. Fast eine halbe Million Arbeitsplätze bietet diese „Industrie", die inzwischen sogar teilweise privatisiert wurde, um Kosten zu sparen. Vor allem in ländlichen Gebieten sind Gefängnisse oft der größte Arbeitgeber. Als ich in einem winzigen Örtchen mit nicht einmal 1000 Einwohnern nahe der kanadischen Grenze einen Häftling besuchen wollte, hielt ich am Gefängnis an und zeigte meine Besuchsberechtigung, die mir als Geistlicher erlaubte, außerhalb der offiziellen Zeiten Besuche zu machen. Die Beamtin teilte mir aber gleich mit, ich sei im falschen Gefängnis. Am Ort gab es nämlich drei Gefängnisse mit jeweils mehr als zweitausend Inhaftierten, also sechsmal so viel Gefangene wie Einwohner am Ort.

Die im Vergleich zu Deutschland drakonischen Strafen sorgen dafür, dass der Nachschub nicht aufhört. Für viele Vergehen, obgleich gewaltlos, werden mehrjährige Gefängnisstrafen verhängt. Und ist jemand erst einmal Teil dieses Gefangenensystems, kommt er kaum wieder heraus. Zwei Drittel der Entlassenen landen innerhalb eines Jahres wieder hinter Gittern. Sind sie wieder frei, dann müssen sie zwei Jahre warten, bis sie erneut Wohnungs- und Sozialhilfe beantragen können. So kommen sie dann als Vorbestrafte abermals schnell unter die Räder.

Für Nachschub an Gefangenen sorgt auch eine omnipräsente und -potente Polizei, die zudem sehr gerne und schnell Gebrauch von der Schusswaffe macht. Eine der ersten Lektionen, die man als Neuankömmling lernt, ist, bei Polizeikontrollen die Hände sichtbar am Steuerrad zu halten. Die in letzter Zeit sich häufenden Erschießungen von unbewaffneten afrikanischen Amerikanern sind ein Symptom für die Polizei, die leider oft erst schießt und hinterher Fragen stellt. In New York prägte lange Zeit der „Maybell-Fall" die Medien: Vor einem Nachtclub wurde ein unbewaffneter Schwarzer im Auto von 38 Polizeikugeln durchsiebt. Der Fall wurde mit der Zahlung von mehreren Millionen Dollar an die Familie des Getöteten als Vergleich beendet.

Um diese Zahlen zu verstehen, muss allerdings erklärt werden, dass jährlich 150 Polizisten im Dienst getötet werden. Nicht nur bei ihnen sitzt die Waffe locker, sondern auch bei den Kriminellen, speziell den Gangmitgliedern in den Straßen von Chicago und Los Angeles. Das bringt uns natürlich zu dem in der Verfassung der USA verankerten Grundrecht, eine Waffe besitzen zu dürfen. Kann man dieses Recht aus den Zeiten des Wilden Westens noch gut nachvollziehen, so ist es heute ein umstrittenes Gesetz, das aber kaum ein Politiker anzugehen wagt. Denn die amerikanische Seele sieht im Waffenbesitz ein Fundament der amerikanischen Kultur. Und ich war nicht wenig erstaunt, dass fast alle in unserem näheren amerikanischen Bekanntenkreis eine Waffe besitzen.

Einen Freund fragte ich, warum er sich mit einem Gewehr und zwei Pistolen bewaffnet hatte. Er erklärte mir, er habe sie zum Schutz gekauft, als sein Schwager, der wohl psychisch krank war, mit der Ermordung der ganzen Familie gedroht hatte. Er betonte aber, dass er die Waffen stets im Tresor aufbewahren würde. Darauf ergänzte seine Frau lapidar: „Die nutzen uns da nur nicht viel, wenn der Schwager wirklich vorhat, uns umzubringen. Bevor mein Mann die Waffen aus dem Tresor geholt hat, sind wir schon tot." Ich vermied es, darauf hinzuweisen, dass sie mir gerade erst erzählt hatten, ihr Schwager wäre schon

vor einigen Jahren verstorben. Die Waffenvernarrt-
heit der Amerikaner wird wohl ihnen selbst ein Rätsel bleiben. Familie – Glück – Waffen. Irgendwie gehören diese drei Grundrechte in diesem Land zusammen. Verstehe es, wer will.

Ein Rätsel bleibt mir auch ein Justizsystem, das Ur-
teile fast ausschließlich von Schöffen fällen lässt.
Wenn ich nach Verurteilungen bei sehr schwieriger
Beweislage hört, was die Schöffen in Interviews von
sich geben, wird mir manchmal regelrecht schlecht.
Das geht dann so: „Am Gesichtsausdruck des Ange-
klagten habe ich klar erkannt, dass er schuldig sein
muss!" Leider kommt es so zu einer großen Zahl an
Fehlurteilen, und einer der wichtigsten Sätze, die
man hört, wenn man in die USA einwandert, ist:
„Vermeide es ja, in die Fänge der Justiz zu gelangen!"

Bye bye New York – hello Florida

(Wilfried Wassermann)

Vertrag eingehalten

Genau neun Jahre nach dem Beginn in New York, am
8. Dezember 2012, sollte unser Dienst enden. Doch
der Kirchenrat der St.-Pauls-Kirche hatte etwas anderes vor. Rechtzeitig vor dem Ende des Dreiecksver-
trags zwischen Gemeinde, „Behörde" und mir als
Pastor beantragten sie bei der „Behörde" die Verlän-
gerung unseres Vertrags um zwei weitere Jahre.

Ich machte ihnen keine Hoffnung und wies auf meine
diesbezügliche Erfahrung hin. Einige Jahre zuvor
hatte der Vertreter der „Behörde" bei einem Besuch
in New York meinen Brief mit der Bitte um Verlänge-
rung meines Dienstes um zwei Jahre bis meiner Pensionierung nicht einmal in Empfang genommen.
Glücklicherweise hatte meine Landeskirche in Württemberg mehr Verständnis und erlaubte mir, direkt
nach New York in den vorgezogenen Ruhestand zu
gehen. Das war eine große Erleichterung.

Kaum aber hatte die „Behörde" Wind von meiner Pensionierung bekommen, trat sie an mich heran und bat mich, die sechs Monate bis zum Sommer 2013 auf der Stelle zu bleiben, da eine Neubesetzung in der Winterzeit ungünstig sei. Interessant, dass jetzt plötzlich doch möglich war, was vorher abschlägig beschieden wurde! Das machte dem Kirchenrat Mut. Und ihr Anliegen wurde immerhin in Empfang genommen!

Aber es löste die inzwischen so gut bekannte große und allgemeine Verunsicherung einer ganzen Behörde aus. Entsprechend war das Ergebnis: Eher bewegt sich eine deutsche Eiche vom Platz als eine ordentliche deutsche „Behörde". Bei meiner Einführung in New York hatte der deutsche Auslandsbischof den Gottesdienst mit den Worten begonnen: „Wir sind eine Kirche der Ordnung!" Nun gut, dann wollen wir alles schön ordentlich lassen. Wir waren bereit zu gehen. Wir waren darauf vorbereitet.

Nicht vorbereitet waren wir allerdings auf das, was anschließend geschah: Die Pfarrstelle wurde wieder in Deutschland ausgeschrieben. Über 40 Pastoren und Pastorinnen bewarben sich auf die Stelle. Drei wurden von der „Behörde" vorgeschlagen. Einer wurde vom Kirchenrat gleich abgelehnt, weil er nicht dem Profil entsprach, das die Gemeinde an die „Behörde" weitergeleitet hatte. Zwei wurden zur Vorstellung nach New York eingeladen. Der Erste kam sehr gut bei der Gemeinde an und wäre wohl gewählt worden – wenn er seine Bewerbung in der darauffolgenden Woche nicht wieder zurückgezogen hätte. So blieb nur noch ein Kandidat übrig. Eine echte Wahl war nicht mehr möglich.

Ein Mitglied des Kirchenrats reiste extra nach Hannover, um auf die prekäre Situation hinzuweisen und zu fragen, ob diese Wahl nicht besser verschoben werden sollte. Bei der „Behörde" löste das nun die total-absolute allgemeine Verunsicherung aus und bestätigte ihr Bild von dem „schlimmen New York" als dem letzten unbesiegten gallischen Dorf von Asterix und Obelix im Römischen Reich. Sie kramte ganz schnell noch einen Kandidaten hervor, von dem sie in einer früheren Mitteilung gesagt hatte, er wäre eigentlich ungeeignet. So war die Gemeinde gezwungen, eine Wahl durchzuführen, die diesen Namen nicht wirklich verdiente. Entsprechend war der Ausgang: Keiner der Kandidaten erzielte die erforderliche Zweidrittelmehrheit. Ein Vorschlag aus der Gemeinde, mich bis zur nächsten Wahl als Interimspastor zu behalten, wurde schnell beschlossen. Aber dann ging die Post ab!

Die Behörde bläst zum Generalangriff

Was nun folgte, hatte ich in 30 Jahren Pfarrdienst und vier Jahren Industrie noch nie erlebt: Übelste Beschimpfungen, Unterstellungen und Vorwürfe seitens der „Behörde" an den Kirchenrat, der sich erlaubt hatte, Skype-Interviews mit den Kandidaten durchzuführen, und natürlich speziell an mich als Stelleninhaber: Die Wahl sei lediglich gescheitert, weil ich länger auf der Stelle bleiben wolle. Wie ich es hätte schaffen sollen, eine ganze Gemeinde zu manipulieren, haben sie zwar nie erklärt, blieben aber bei dieser Behauptung, trotz aller Versuche meiner Gegendarstellung.

Irgendwann einmal wurde es mir zu bunt und ich beendete meine Zusammenarbeit mit der „Behörde". Dem Kirchenrat teilte ich mit, dass ich mein Amt ab sofort zur Verfügung stellte. Bei den folgenden sehr schwierigen und emotional extrem belastenden Verhandlungen handelte der Kirchenrat mit der „Behörde" immerhin aus, dass wir bis Weihnachten 2013 auf der Stelle bleiben durften, um in Ruhe nach einer Zwischenlösung für die Gemeinde suchen zu können.

Umzug und Neuanfang in Florida

Nach genau zehn Jahren New York endete unser Dienst an der St.-Pauls-Kirche also mit einer bitteren Note. Der Abschied geriet aber sehr schön und herzlich, mit etlichen Tränen in den Augen. Die Erfahrungen mit der „Behörde" hatten uns in unserem Entschluss bestärkt, nicht mehr dauerhaft nach Deutschland zurückzugehen. Wir kamen mit dem System, dass die Ordnung mehr liebt als das Wohl der Gemeinde nicht mehr zu recht.

Wir wollten auch persönlich nicht mehr leiden, nur weil es jemand für gut und richtig hielt. Auf die Frage, was nach sechs Jahren USA für ihn der größte Unterschied zu Deutschland wäre, antwortete ein Gemeindeglied kurz entschlossen: „In Deutschland funktioniert vieles nach dem Prinzip: Hauptsache, es tut weh". Das konnten wir nach zehn Jahren in Amerika nur zu gut nachvollziehen.

Wir hatten schon länger geplant, in den Ruhestand nach Florida zu ziehen. Auch unsere Kinder bekräftigten uns in diesem Entschluss. Gute amerikanische Freunde hatten das gerade getan und wir waren beeindruckt vom Leben dort. Nicht nur die angenehmen Temperaturen im Winter waren der Grund, warum sich Florida zum Rentnerparadies entwickelt hatte, sondern auch die günstigeren Lebenshaltungskosten. So gibt es dort zum Beispiel keine „State Tax" (staatseigene Steuer) wie in New York.

Im Januar 2014 zogen wir also das vierte Mal innerhalb von zehn Jahren um. Fast hätte uns der erste Schneesturm des strengen Winters 2013/14 einen Strich durch die Rechnung gemacht, aber wir kamen gerade noch so durch. In Florida betreuen wir jetzt eine deutsche Gemeinde in Orlando, von der die „Behörde" bei ihrem letzten Besuch sagte, sie sei ein „Auslaufmodell". Was soll man von dieser „Behörde" auch anderes erwarten?

Das spornt uns aber nur noch mehr an, zu zeigen, dass eine Gemeinde nie ein Auslaufmodell ist, sondern immer ein Ort des Friedens und der Freude. Und ohnehin hat die „Behörde" dort nichts zu melden, denn weder zahlt sie Beiträge noch sind wir vertraglich an sie gebunden. Also steht unserem dauerhaften und ruhigen Dienst dort nichts im Weg. Halleluja!

Schwamies

Im November 2014 beantragten wir die US-Staatsbürgerschaft. Zwar hatten wir durch die „Green
Card" bereits eine Daueraufenthaltsgenehmigung
für die USA. Aber mit dieser ist ein Aufenthalt außerhalb der USA auf 180 Tage beschränkt. Da wir diesbezüglich maximale Flexibilität haben wollten, beschlossen wir, die US-Staatsbürgerschaft zu beantragen – unter Beibehaltung der deutschen Staatsbürgerschaft.

Im April 2015 fand die feierliche Einbürgerungszere-
monie mit 80 Personen aus 39 Ländern der Erde statt.
Seitdem sind wir schwäbische Amerikaner:
„Schwamies".

So schließt sich familiär wieder ein Kreis: Meine Ur-
großvater war 1870 von Deutschland in die USA aus-
gewandert. Von dort war er allerdings weiter gezogen. Er schloss sich 1875 der Tempelgesellschaft an,
die im Heiligen Land deutsche Siedlungen baute. In
Haifa wurde meine Mutter in dritter Generation geboren. Das Wandern durch die Welt liegt wohl im
Blut unserer Familie.

Eine New Yorker Weihnachtspredigt

Liebe Freunde,

ich stelle mir vor, Jesus wäre nicht vor 2000 Jahren in Bethlehem/Judäa geboren, sondern am 24. Dezember 2004 in einem anderen Bethlehem – dem bei Albany im US-Staat New York. Vieles wäre dann anders gelaufen als damals, manches aber wäre gleich geblieben – vielleicht folgendermaßen (natürlich rein fiktiv):

Maria, die gerade mit der High School in Nazareth/Galiläa fertig war, träumte schon immer vom Studium in den USA. Aber sie hatte weder die Mittel für ein Studium noch ein Visum. Ihr Freund Joseph war eher bodenständig, hatte schon eine Schreinerlehre hinter sich. Auf jeden Fall waren beide völlig überrascht als Maria eines Tages mit der Nachricht herausplatzte, sie sei schwanger. Wie konnte das passieren? Sie gehörten in ihrem Land Israel doch zur verschwindend kleinen Gruppe der „Promise-keepers", die mit dem Sex bis zur Ehe warteten. Ihr Motto lautete: Wahre Liebe wartet. Der Schock saß also tief. Bei beiden.

Nachts hatte Joseph daraufhin Träume: Ihm träumte, wie er heimlich einen Vaterschaftstest machen ließ – denn ihn quälte die Frage, ob ihm Maria untreu gewesen war! Ihm träumte auch, eine Abtreibung zu verlangen – er konnte sich nicht vorstellen, ein Kind großzuziehen, das nicht sein eigenes war. Aber jedes Mal, wenn Maria vor ihm stand und er etwas sagen wollte, war alles anders. Da verflogen seine Zweifel wieder. So kam es, dass die Monate vergingen. Die Geburt rückte immer näher.

Da hörte Maria bei einer Nachbarsfamilie von einem Trick, wie sie doch noch eine Zukunft in den USA haben könnte: Wenn ihr Kind dort zur Welt kommen würde, hätte es automatisch die US-Staatsangehörigkeit – und sie als Eltern könnten dann viel leichter in die USA nachziehen. Tausende würden das so machen. Die beiden liehen sich etwas Geld zusammen und flogen übereilt nach New York. Es kam, wie es kommen musste: Kaum gelandet, wurden sie am JFK-Flughafen stundenlang verhört, da sie den Behörden suspekt waren! Wer heute so unvorbereitet reist, braucht sich nicht zu wundern. Was jetzt? Per Handy riefen sie bei einem entfernten Verwandten in Bethlehem bei Albany/NY an: was er vorschlagen würde. Er empfahl ihnen, nach Mexiko zu fliegen und es von dort aus über den Zaun zu versuchen. Er würde auf der anderen Seite auf sie warten.

In ihrer Not befolgten sie seinen Rat. Nach 24 Stunden Aufenthalt erschöpft, fanden sie einen Flug nach Mexiko und von dort gingen sie zur verabredeten Zeit und Stelle an den Zaun. Maria hatte schon erste Wehen und wusste nicht, wie sie alles überstehen würde. Aber irgendwie kamen sie doch noch ins gelobte Land (God's own country!), huschten ins Auto und nach einer endlos scheinenden Fahrt kamen sie in Bethlehem, NY an. Maria, völlig erschöpft, war im Begriff, aus dem Auto zu steigen als ihre Fruchtblase platzte und sie eine Sturzgeburt erlebte. Dort in einer dreckigen Autowerkstatt in Bethlehem bei Albany brachte sie ihr erstes Kind zur Welt. Und weil sie nichts Besseres hatte, nahm sie ein paar Papiertücher aus dem an der Wand hängenden Spender, um das Kind darin einzuwickeln.

Das lokale Fernsehen bekam irgendwie Wind von der Sache und sandte eine Reporterin, um diese Sensation im sonst so ereignislosen Bethlehem zu dokumentieren. Es wurde sogar über Satellit ausgestrahlt. Etliche Automechaniker, die auf dem nahe gelegenen Highway Patrouille schoben, sahen es auf tragbaren Fernsehgeräten und waren gerührt davon, dass ein Kind in einer Autowerkstatt zur Welt gekommen war. Sie beschlossen, ihm die Ehre zu erweisen. Mit ihren Harleys und Abschleppwagen kamen sie angefahren und übergaben dem Kind ein Autoschlüssel – den passenden Wagen würde er kriegen, wenn er den Führerschein hatte. Maria wunderte sich über all diese Ereignisse und konnte alles noch gar nicht einordnen.

Etliche Tage später war in der Zeitung davon zu lesen, dass die Einwanderungsbehörde am JFK-Flughafen drei orientalisch aussehende Fluggäste unter Terrorverdacht festgenommen hatte. Es wurde gemutmaßt, dass sie mit ihren nicht unerheblichen Mengen an Gold, Weihrauch und Myrrhe einen Terroranschlag finanzieren wollten.

Soweit die fiktive Vorstellung von einer modernen Weihnachtsgeschichte. Was haben wir vermisst? Die Hirten auf dem Feld, die Schafe, das Lagerfeuer? Den Kaiser Augustus, den Esel oder den Stall? Haben sich diese Nebensächlichkeiten der Weihnachtsgeschichte nicht allzu sehr in den Vordergrund geschoben? All diese Dinge würden fehlen, wenn Jesus heute geboren werden würde. Auf all das kommt es auch gar nicht so sehr an!

Was wäre aber gleich geblieben, wenn Jesus heute geboren worden wäre? Diese Frage bringt uns dem Geheimnis von Weihnachten näher:

Gleich wäre geblieben, dass Gott nicht über das Weiße Haus in die Welt gekommen wäre. Er wäre auch nicht im Petersdom zu Rom geboren. Auch im

Plaza-Hotel von New York wäre er nicht abgestiegen. Denn diese Orte hätten eines verhindert: dass jeder, auch der niedrigste, ärmste und verkommenste Mensch zu ihm Zugang finden kann. Denn genau dazu wurde Gott Mensch – um zu sagen: *„Kommet her zu mir, ihr Mühseligen und Beladenen, ich will euch erquicken."*

Und gleich wäre auch gewesen, dass die Reichen, Mächtigen und Gebildeten keine Notiz von Gottes Menschwerdung genommen hätten. Denn wenn er in die Welt kommt, dann nicht über ihre Schiene von Macht, Geld oder Verstand. Gott kommt ganz anders: als Kind. Als ohnmächtiges, harmloses Kind, das niemanden erschreckt. Als Kind, das die ganze Not und Angst des irdischen Lebens mitmacht. Das sich aber hingibt im Dienst für die Verlorenen und Sünder: *„Denn der Menschensohn ist nicht gekommen, um sich dienen zu lassen, sondern um zu dienen und sein Leben zu geben als Erlösung für viele."*

Gleich wäre auch geblieben diese schon fast unbegreifliche Ohnmacht, mit der er bereit war, durchs Leben zu gehen. Trotz der großen Faszination, die er auf die Massen ausübte, strebte er nie nach oben. Als sie ihn zum König machen wollten, lief er einfach weg. Wie er sich kaum verteidigte, als sie ihn falsch beschuldigen und seinen Tod verlangten. Gleich geblieben wäre auch sein Ausruf auf dem elektrischen

Stuhl oder in der Gaskammer: *„Mein Gott, mein Gott, warum hast du mich verlassen!"*

Das Wesentliche von Weihnachten sind nicht Hirte, Schafe, Stallromantik. Sondern der unbedingte Wille des Menschensohns, den untersten aller Wege zu gehen, um uns zu tragen und zu erlösen. Um uns die Gewissheit zu geben *„Wer an mich glaubt, der wird leben, auch wenn er stirbt."* Das Wesentliche ist, dass seit Weihnachten der Himmel über uns geöffnet ist: *„Ich bin die Tür, wer durch mich eingeht, der wird selig werden."* Das Wesentliche ist unsere Gewissheit, dass stärker als alle Wechselfälle des Lebens seine Liebe zu uns bleibt, wie Paulus es formulierte: *„Denn ich bin gewiss, dass weder Tod noch Leben, weder Engel noch Mächte noch Gewalten, weder Gegenwärtiges noch Zukünftiges, weder Hohes noch Tiefes noch eine andere Kreatur uns scheiden kann von der Liebe Gottes, die in Christus Jesus ist, unserm Herrn.*

Das verleiht eine Geborgenheit, die diese Welt trotz allen Weihnachtsschmucks und aller Weihnachtsbeleuchtung nicht bieten kann. In diesem Sinne ein schönes, gesegnetes und getrostes New Yorker Weihnachtsfest.

Anhang

Die Geschichte der St.-Pauls-Kirche

Begonnen hat es am 15. August 1841: Vermutlich aus Platzgründen kam es zur Trennung einer Gruppe von der deutschen St.-Matthäus-Kirche in Manhattan. Trotz drei Gottesdiensten sonntags konnten dort nicht mehr alle Besucher Platz finden. So traf sich eine Gruppe Deutscher ab dem 22. August 1841 im Saal Nr. 148 an der 8. Avenue zum Gottesdienst mit Pastor Friedrich Wilhelm Geissenhainer.

Etwas mehr als ein Jahr später, am 17. Oktober 1842, wurde der Grundstein der ersten St.-Pauls-Kirche an der Ecke 6. Avenue und 15. Straße gelegt. An Weihnachten des gleichen Jahres konnte das Gebäude eingeweiht werden, das auch als Schule diente. Immer mehr Deutsche strömten nun in die USA, so dass die Mitgliedszahl der jungen Kirche rapide zunahm. Schon bald musste über den Bau einer größeren Kirche nachgedacht werden.

Keine 18 Jahre nach der Einweihung fand am 6. Mai 1860 tatsächlich der letzte Gottesdienst in der ersten

Kirche statt. Danach wurde sie abgerissen und wich einem prächtigen neuen Gebäude mit annähernd 1000 Sitzplätzen. Am 20. und 21. März 1861 wurde die neue Kirche feierlich der Gemeinde übergeben. Aber das Glück in diesem Teil der rasant wachsenden Stadt New York währte nicht lange. Wegen einer Hochbahn, die an der Ecke zwischen 6. Avenue und 14. Straße eine Haltestelle betrieb, wurde die Lärmbelästigung unerträglich. So musste man alsbald wieder nach einem Standort für eine neue Kirche suchen.

Diesen fand man 1897 in der 22. Straße. Der deutsche Architekt Francis A. Minuth wurde mit dem Bau der dritten Kirche im neugotischen Stil beauftragt. Die alte Kirche konnte inzwischen für 190 000 Dollar verkauft werden. Am 4. Juli 1897 war unter feierlicher Mitwirkung des Kirchenchores die Grundsteinlegung. Nach lediglich sieben Monaten Bauzeit wurde die Kirche bereits am 13. Februar 1898 bei strahlendem Wetter eingeweiht. Und das Erstaunliche daran: schon bei der Fertigstellung war die Kirche bis auf den letzten Cent abbezahlt.

Die Geschichte der Gemeinde spiegelt alle großen Weltereignisse direkt wieder, abhängig von den Einwanderungsquoten der Deutschen in die USA wuchs sie manchmal, aber oft genug kämpfte sie auch ums Überleben. 1923, im Jahr der Hyperinflation in

Deutschland kamen 115 500 deutsche Neueinwanderer in die USA. 1941 nach der Kriegserklärung Deutschlands an die USA wurde der Gemeindebrief in deutscher Sprache verboten und viele Gemeindeglieder interniert. Erst 1947 wurden die Letzten wieder frei gelassen. Das war für viele Eltern besonders schwer, da ihre Söhne in der „US-Army" gegen Nazi-Deutschland kämpften.

Zehn Monate nach der Kapitulation Deutschlands richten der Pastor von St. Pauls einen gemeinsamen „Appell an ihre Gemeindeglieder, Freunde und Bekannte, sowie Vereine in Groß-New York und Umgebung, zur Teilnahme an dem Liebeswerk der Deutschen Nothilfe, Lutheran World Relief". Im Zuge dessen kamen über 6000 Pfund (ca. 2,7 Tonnen) Kleidung und 10 500 Dollar über die St.-Pauls-Kirche nach Deutschland um dem Hunger und dem Nachkriegselend zu wehren. Fundraising und karitative Veranstaltungen gab es zuhauf. Eine große Hilfsbereitschaft und Anteilnahme von New York aus sorgte nicht nur für Erleichterung in Deutschland sondern auch für Aufschwung in der Gemeinde, wo es in einer amerikanischen Publikation hieß: »St. Paul's was the center for information about Germany after the war« (Die St.-Pauls-Kirche war das Informationszentrum über Deutschland nach dem Krieg).

Niemöller, Dibelius, Lilje und Thielicke waren nun kirchliche Persönlichkeiten aus Deutschland die in St. Pauls ein- und ausgingen. Viele Bilder im Archiv der Kirche zeigen deutsche Bundespräsidenten zu Besuch in St. Pauls. Eine Boomzeit mit steigenden Zahlen an deutschen Auswanderern (von 1950 bis 1960 kamen über 600 000 Personen in die USA) bescherte der St.-Pauls-Kirche einen neuen Aufschwung. Allerdings war die Bindung der Nachkriegsauswanderer an ihre Kirche nicht mehr so intensiv wie die in früheren Jahren, so dass 1966 in einem Kirchenratsprotokoll das deutliche Nachlassen des Kirchenbesuchs festgestellt wurde.

War die St.-Pauls-Kirche seit ihrer Gründung über die meiste Zeit hinweg von deutschen Auswanderern geprägt worden, war nun eine neue Zeit angebrochen. Die Zahl der Deutschen, die in den USA für Firmen, Botschaften oder Schulen auf Zeit tätig waren, nahm nun rapide zu. 1972 richtete die EKD zur Betreuung dieser „Expatriates" eine Pfarrstelle in New York ein. 1978 wurde diese Stelle mit der St.-Pauls-Kirche fusioniert. Im Briefkopf heißt es seitdem: St.-Pauls-Kirche - in Verbindung mit der EKD. Das Angebot der Gemeinde richtet sich seitdem an alle im Großraum New York lebenden Deutschen.

Mit der Hilfe Gottes hat die Gemeinde so über mehr als 170 Jahre hinweg vielfältige Aufgaben und unvorhersehbare Schwierigkeiten gemeistert. So ist auch die Zuversicht, dass sie als einzige übrig gebliebene deutschsprachige Gemeinde in Manhattan die Herausforderungen der Zukunft annimmt und einen Ort bildet, wo Menschen nicht nur eine deutsche Heimat finden, sondern auch das, was eine Gemeinde im Verborgenen immer ist: ein Stück ewige Heimat auf Erden!

Die Pastoren der St.-Pauls-Kirche:

Friedrich Wilhelm Geissenhainer 1841–1879

Johann Friedrich Christian Hennicke 1874–1880

Leo König 1880-1919

Heinrich Arend Kropp 1919–1940

Heinrich Paul Suhr 1940–1985

Max Preilipper 1978–1986

Sönke Schmidt-Lange 1987–2002

Wilfried Wassermann 2003–2013

Miriam Groß seit 2014

Zeitfracht Medien GmbH
Ferdinand-Jühlke-Straße 7
99095 Erfurt, Deutschland
produktsicherheit@kolibri360.de